# INSTRUCTION MORALE

ET

## LEÇONS DE CHOSES CIVIQUES

## POUR LES PETITS ENFANTS

PREMIER LIVRE DE LECTURE

(Cours élémentaire, premier semestre)

AVEC 84 GRAVURES INSTRUCTIVES

POUR LES LEÇONS DE CHOSES



PAR

G. BRUNO
LAURÉAT DE L'ACADÉMIE FRANÇAISE
Auteur de *Francinet* et du *Tour de la France*

---

TRENTE-TROISIÈME ÉDITION

CONFORME AUX NOUVEAUX PROGRAMMES OFFICIELS

PARIS
LIBRAIRIE CLASSIQUE EUGÈNE BELIN
BELIN FRÈRES
RUE DE VAUGIRARD, 52

1891

# PRÉFACE

L'instruction morale et civique, tout en étant « *obligatoire dès le cours élémentaire* », n'y doit pas être donnée dans un manuel : elle doit, suivant les instructions ministérielles, faire l'objet de petites leçons « *à propos de la lecture* ». Ce livre répond exactement aux intentions du programme : il n'est pas un manuel, mais un premier livre de lecture pour les plus jeunes enfants. La morale et les sciences usuelles y sont traitées *spécialement* au point de vue *civique*. Ce petit volume a donc son naturel complément, pour les autres parties du programme officiel de morale (morale générale, devoirs envers soi-même et devoirs envers Dieu) et pour le programme des sciences usuelles, dans nos deux autres volumes du cours élémentaire pour l'*Enfant* et pour l'*Adolescent*, puis dans *Francinet* et le *Tour de la France*.

L'enfant, même celui qui habite les villages les plus retirés, est cependant familiarisé de bonne heure avec une foule d'objets, d'institutions, de monuments qui représentent à ses yeux la France entière. La *mairie*, l'*école*, le *drapeau* qui flotte les jours de fête sur les édifices publics, l'uniforme des *soldats*, des *gendarmes*, du *gardien de la paix*, du simple *garde champêtre*, etc., — tout cela a frappé son attention dès le jeune âge. Nous avons songé à mettre toutes ces choses à profit, pour porter sans fatigue l'esprit de l'enfant qui commence à lire vers les idées générales de patrie, de patriotisme, d'obéissance aux lois, de justice et de fraternité. L'école est déjà, en raccourci, l'image de la société et de la vie : l'enfant s'y trouve en contact avec des camarades, avec des maîtres; c'est là qu'il apprend à travailler, à obéir, à respecter la règle et la discipline, à ne pas faire aux autres ce qu'il ne voudrait pas qu'on lui fît. Il peut donc, dès ce moment, se faire une notion plus ou moins vague de la société entière et des devoirs qu'il aura à y remplir.

Les *leçons de choses* qui suivent les *leçons de morale* font passer sous les yeux de l'enfant tout ce qu'il voit journellement dans la famille, dans l'école et dans la commune; elles l'habituent à réfléchir sur ce qui l'entoure et l'initient peu à peu à la vie pratique. Le côté neuf de ces leçons, si nous ne nous trompons, c'est que, tout en fournissant sur chaque objet les notions les plus usuelles, elles aboutissent toujours à reporter la pensée de l'enfant plus loin et plus haut. Des moindres objets, des moindres circonstances, — par exemple d'une lettre mise à la poste, du facteur qui passe, du cantonnier qui travaille sur la route, — nous nous sommes efforcé d'élever l'esprit de l'enfant vers la *Patrie*, qui, par les divers services publics, veille à l'intérêt de tous. L'enfant qui lira ce livre aura acquis de bonne heure, nous l'espérons, le sentiment que tous les hommes travaillent pour lui, et qu'il doit travailler à son tour pour les autres et pour son pays.

# EXTRAITS DES PROGRAMMES OFFICIELS
## ET PAGES CORRESPONDANTES DU VOLUME

### 1° PROGRAMME DE MORALE SOCIALE
### (Cours élémentaire)

« Entretiens familiers. Lectures avec explications : récits, exemples, préceptes, paraboles et fables, Enseignement par le cœur.

**I. L'ENFANT DANS LA FAMILLE. DEVOIRS ENVERS LES PARENTS.**

**Parents et enfants**, p. 5. *Respect aux vieillards*, 18. *L'amour filial*, 106. *La bonne volonté*, 9. *L'obéissance*, 13. *Soins aux parents*, 72.

*Sobriété et gourmandise*, 26. *La petite paresseuse*, 31. *Bavard, curieux et gourmand : la linotte* (fable), 54. *La persévérance*, 40. *Le chien enragé, le courage*, 44. *L'emploi du temps*, 50. *Le travail, les chardonnerets* (fable), 102.

**II. DEVOIRS ENTRE FRÈRES ET SOEURS**, p. 22, 44.

**III. L'ENFANT DANS L'ÉCOLE**

**L'instituteur**, p. 36. **L'école**, 38.

**IV. DEVOIRS ENVERS LES ANIMAUX.**

*Le cheval*, p. 91.

**V. DEVOIRS ENVERS LES AUTRES HOMMES.**

**La société humaine** : *les métiers*, (*Economie politique ou s[illegible]ce du travail*), p. [illegible] *petit couteau. Les hommes* [illegible] *de travail* [illegible] *poli*[illegible]*ulation et mensonge, la place brisée*, 58. *Nous devons toujours dire la vérité*, 120. *Respect du bien d'autrui, les objets trouvés*, 67. *Devoirs de* **justice** (*ne faites pas à autrui ce que vous ne voulez pas qu'on vous fasse*), 78. *Devoirs de* **charité**. *Ne vous moquez pas d'autrui; rendez le bien pour le mal; l'enfant boiteux*, 84. *Il faut s'aimer et s'entr'aider*, 112. *Rendons à chacun ce qui lui est dû : la balle perdue*, 126. *Secourons-nous : l'inondation*, 137.

**VI. LA PATRIE.**

**La France**, p. 11. *Secours de la France aux orphelins et aux malades*, 15. **La commune**, *la* **mairie**, 35. *Les voleurs, la défense de la patrie*, 64. *L'impôt*, 117. *Le tribunal*, 125. *Le conseil municipal*, 88. *Le* **gouvernement**, 104. *Devoirs envers la* **patrie**, 131. *Dévouement à la patrie : histoire d'un instituteur*, 142[1].

### 2° PROGRAMME D'INSTRUCTION CIVIQUE
### (Cours élémentaire)

» Explications très familières, à propos de la lecture, des mots pouvant éveiller une idée nationale :

» Citoyen, p. 11, 25. Soldat, 131, 143. Armée, 65, 131, 136, 143. Patrie, 11. 17, 20, 37, 38, 65. 115, 131, 135, 143. Commune, 9, 35, 88. Canton, 9. Département, 9. Nation, 16. Société humaine, 101. Loi, 12, 72, 82, 91. *Arrêtés du maire et du préfet*, 48. *Le vote*, 128. *L'instruction obligatoire. Degrés de l'enseignement*, 39. *L'impôt*, 117. Justice, 78, *Le tribunal*, 125. Force publique, 66 *Gouvernement*, 104. *Députés, sénateurs, président*, 105. Gendarmes, 64. La prison, 66. *Maire*, 35, 48, 69, 88. *Instituteur*, 36. *L'école*, 143. *Garde-champêtre*, 56. *Cantonnier et routes*, 62. *Ingénieur*, 110. *Facteur et poste*, 42. *Eclairage de la commune*, 70. *Pompiers*, 76. *Marché*, 80. *Conseil municipal*, 88. *Commissaire de police*, 81. *Gardien de la paix*, 93.

### 3° NOTIONS SUR LES SCIENCES USUELLES

(*Physique, histoire naturelle, économie politique, géographie*, etc., 8, 11, 20, 24, 28, 32, 38, 43, 48, 52, 54, 81, 82, 93, 99, 100, 101, 102, 107, 108, 110, 111, 117, 137.)

(1) Pour les autres parties du programme de morale, voir nos livres de l'*Enfant* et de l'*Adolescent*, le *Tour de la France* et *Francinet*.

# EXTRAITS DES PROGRAMMES OFFICIELS

## du 27 juillet 1882

---

### But et caractère essentiel de l'enseignement social et civique

« La force de l'instruction morale dépend bien moins de la précision et de la liaison logique des vérités enseignées que de l'intensité du sentiment, de la vivacité des impressions et de la chaleur communicative de la conviction. Cette éducation n'a pas pour but de *savoir*, mais de faire *vouloir;* elle émeut plus qu'elle ne démontre.

» L'instituteur est chargé de cette partie de l'éducation, en même temps que des autres, comme représentant de la *société*...

» Pour atteindre ce but, l'instituteur n'a pas à enseigner de toutes pièces une morale théorique suivie d'une morale pratique, comme s'il s'adressait à des enfants dépourvus de toute notion préalable du bien et du mal...

» Sa mission est bien délimitée : elle consiste à fortifier, à enraciner dans l'âme des élèves, pour toute leur vie, en les faisant passer dans la pratique quotidienne, ces notions essentielles de moralité communes à toutes les doctrines et nécessaires à tous les hommes civilisés...

» Il prend les enfants tels qu'ils lui viennent, avec leurs idées et leur langage, avec les croyances qu'ils tiennent de la famille, et il n'a souci que de leur apprendre à en tirer ce qu'elles contiennent de plus précieux au point de vue *social* (1)... »

(*Arrêté* du 27 juillet 1882, réglant le plan d'études des écoles.)

(1) Pour l'*Instruction civique*, ce volume a sa suite naturelle :

1° Dans le livre de l'*Adolescent* (cours élémentaire, second semestre).

2° Dans le *Tour de la France* (cours moyen), qui a pour but de faire connaître la patrie ;

3° Dans *Francinet* (cours moyen et supérieur), dont la nouvelle édition comprend le développement complet du programme d'*Instruction civique*. (*Organisation politique, administrative et judiciaire de la France :* Constitution, chambres, ministres, tribunaux, enseignement, force publique, armée, suffrage universel, impôts, obligation scolaire, droits et devoirs du citoyen ; *droit pratique*, état civil, propriétés, successions, contrats usuels, faillites et banqueroutes ; *économie politique*, matières premières, industrie, commerce, capital, rentes, épargne, sociétés de secours mutuels, de retraite, caisses d'épargne, associations, etc. Programme de 1882.)

---

SAINT-CLOUD. — IMPRIMERIE BELIN FRÈRES.

# INSTRUCTION MORALE

## ET LEÇONS DE CHOSES CIVIQUES

(Morale)

### 1. LE TRAVAIL DES PARENTS

#### ET LE TRAVAIL DES ENFANTS

Paul sortait de l'école avec Rose.

— J'ai beaucoup de bons points, s'écria la petite Rose, car j'ai bien travaillé.

Le travail des enfants.

— Et moi aussi, répondit Paul. Quel bonheur! Nos parents seront contents de nous deux.

Et se tenant par la main,

le frère et la sœur hâtèrent le pas, pour se jeter au cou de leur mère.

La mère les embrassa et dit : — Vous êtes deux bons enfants.

Et ils étaient joyeux de voir leur mère joyeuse.

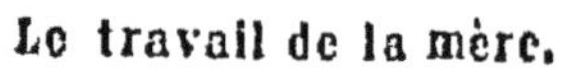

Le travail de la mère.

Le travail du père.

Bientôt le père rentra de l'atelier. Il posa sur la table l'argent qu'il avait gagné en travaillant toute la semaine.

— Enfants, dit la mère,

regardez ces pièces blanches qui doivent servir à payer votre nourriture, et songez combien votre père s'est fatigué pour gagner chacune d'elles !

Puis, à côté des pièces d'argent, elle posa les bons points gagnés à l'école :

— Père, dit-elle, regarde : les enfants ont travaillé, eux aussi. Ils seront laborieux comme toi quand ils seront grands.

Le père, satisfait, donna un baiser de plus à Paul et à Rose.

Oh ! l'heureuse famille que celle où chacun accomplit son devoir !

**Exercices.** — Regardez la première gravure de votre livre. Que représente-t-elle? — Devez-vous travailler à *l'école?* — Aimez-vous votre père et votre *mère?* — Comment pouvez-vous montrer à vos parents votre tendresse? Est-ce en travaillant à l'école ou en ne faisant rien? — Votre mère serait-elle joyeuse si vous lui rapportiez des *bons points?*

Que représente la seconde gravure de votre livre? — Qui s'occupe de vos repas et de vos vêtements? — Pour qui votre *père* travaille-t-il chaque jour? — — Regardez la troisième image de votre livre. Ne représente-t-elle pas un atelier de *ferblanterie?...* — Comment s'appellent les hommes qui travaillent le *fer-blanc?* — Nommez des *objets en fer-blanc.* (Cafetières, pots à lait, écumoires, etc.). — Quelles sont les *pièces de monnaie* que vous connaissez? — Toutes les *pièces de monnaie* sont-elles blanches? — Qu'est-ce que l'*argent,* l'*or* et le *cuivre?* Etc.

---

## (Instruction civique)

## PREMIÈRE LEÇON DE CHOSES

### LES COMMUNES DE LA FRANCE

En fants, di tes-moi si vous ha bi tez un vil la ge, un bourg ou une vil le...

Un village.

Sa vez-vous com ment se for me un vil-la ge? C'est lors-qu'un cer tain nom bre de fa-mil les con strui sent leurs mai-sons les u nes au près des au tres.

Lors que beau coup de maisons continuent à s'élever, le village devient un bourg.

Quand le nombre des maisons et des rues augmente encore, c'est une ville.

Une ville.

Il y a en France plus de trente-six mille communes : villages, bourgs ou villes. Voyez combien la France est grande !

La France est divisée en départements, arrondissements et cantons.

**Exercices.** — Habitez-vous un *village*, un *bourg* ou une *ville*? — comment s'appellent les endroits où il y a une *mairie*? (des *communes*). — Quelle *commune* habitez-vous? — Il y a en France plus de 30.000 communes. Qu'appelle-t-on *departements*, *arrondissements*, *cantons*? Quel est votre *canton*? Votre *arrondissement*? Votre *département*? etc.

---

## (Morale). 2. LA BONNE VOLONTÉ

J'ai vu un tout petit garçon nommé Charles, qui allait au village.

Il y avait sur la route une pauvre femme en haillons, portant sur ses bras sa petite fille qui pleurait.

Charles n'avait rien qu'il pût donner à la pauvre femme.

Alors il est allé cueillir une marguerite du chemin, et l'a mise dans la main de la petite fille.

La marguerite.

La petite fille, surprise, a cessé de pleurer et lui a fait un sourire.

— Merci, a dit la mère.

Et le petit Charles s'en est allé heureux.

Pour rendre service, il n'avait eu besoin que d'une fleur des champs.

La façon de donner vaut mieux que ce qu'on donne.

**Exercices.** — Comment Charles a-t il consolé une petite fille qui pleurait ? — Qu'est-ce que la mère de la petite fille a dit à Charles ? — Pourquoi Charles était-il content ? — Qu'est-ce que la *marguerite?* — Aime-t-on les enfants qui ont *bonne volonté?* — Expliquez les mots *en haillons*. Etc.

---

(Instruction civique)

## SECONDE LEÇON DE CHOSES

### LA PATRIE. — LA FRANCE

Enfants, vous habitez un coin de la terre française, vous êtes citoyens français.

Carte de la France.

La France, notre Patrie, est un grand et beau

pays. Savez-vous combien d'hommes habitent sur la terre française? — Il y en a trente-six millions.

Tous ces hommes parlent la même langue; tous travaillent les uns pour les autres; ils sont comme les enfants d'une même famille, et doivent s'aimer comme des frères.

Les productions de la France.

De même que vous obéissez aux ordres de vos parents, tous les Français obéissent aux lois de la Patrie.

Dès le jeune âge, apprenez à aimer votre Patrie et à obéir à ses lois.

**Exercices.** — Quelle est votre *patrie?* — La France est-elle un beau pays? — Est-elle grande? — *Combien d'hommes* habitent la France? — Qui appelle-t-on *citoyens* français?... (Les membres de la nation française.) — Tous les Français parlent-ils la même *langue?* — Les Français doivent-ils s'aimer? — Devez-vous aimer votre patrie? — Devez-vous obéir à ses *lois?* — Comment s'appelle la première gravure que vous voyez dans votre livre?... C'est une *carte*. Une carte est un dessin qui représente la forme d'un pays. — Que représente votre petite carte? — Et la seconde gravure, qu'y voyez-vous?... D'abord *des épis de blé.* — Que fait-on avec le blé? — Voyez-vous aussi un bouquet de trois branches d'*olivier?* — Que fait-on avec les *olives?* — Et avec le *raisin?* — Et avec les *pommes* et les *poires?* — Eh bien, la France nous donne en abondance du blé, des olives, du raisin. La France est un pays très... *fertile.* De plus elle est bien cultivée, car les paysans français sont *laborieux.*

---

(Morale)

## 3. LA DÉSOBÉISSANCE

Si les enfants étaient obéissants, que de peines ils s'épargneraient!

Eugène a une petite sœur, toute petite. Il l'aime beaucoup, et quand l'enfant lui fait un sourire, il saute de plaisir.

Pour endormir la petite sœur, on la berce dans son lit; mais la mère d'Eugène lui défend expressément de bercer sa petite sœur, crainte d'accident.

Un jour où la mère s'était absentée, Eugène en profita pour essayer de remuer le berceau.

Le berceau.

Il commença d'abord bien doucement. Mais il trouva si amusant d'entendre le berceau faire *toc, toc,* qu'il s'anima petit à petit.

Il s'anima si bien que voilà tout à coup le berceau par terre et Eugène dessous.

Aux cris des deux enfants, la mère accourut. Heureusement la petite sœur n'était point blessée. Seul, le désobéissant Eugène avait un œil très malade.

Pauvre Eugène! il a grand chagrin d'avoir failli tuer sa petite sœur et de s'être blessé lui-même. Aussi il a promis à sa bonne mère de ne jamais plus lui désobéir.

**Exercices.** — Vos parents ont-ils plus de *raison* que vous ? — Ce que vos parents vous *ordonnent* est-il dans votre *intérêt?* — Vous devez donc toujours *obéir* à vos parents ? — Qu'arrive-t-il aux enfants *désobéissants?* — Avec quoi sont faits les *berceaux* des enfants?... Il y en a en *fer*, il y en a aussi en *osier*. — Qu'est-ce que l'*osier?* — Les tiges de l'*osier* se ploient-elles facilement? — Alors elles sont... *souples, flexibles*. — Avec quoi sont faits vos *paniers* d'écolier? — Comment s'appellent ceux qui travaillent l'osier?... Des *vanniers*.

---

**(Instruction civique)**

## TROISIÈME LEÇON DE CHOSES

### LES SECOURS DE LA NATION FRANÇAISE AUX ORPHELINS ET AUX MALADES

Pierre et Jeanne sont deux petits enfants bien malheureux.

Leur mère est morte, leur père aussi, et ils n'ont pas

d'autres parents pour les soigner.

Que vont devenir ces pauvres orphelins? Ne vont-ils pas mourir de faim, de froid et de misère?

Hospice d'orphelins.

Enfants, rassurez-vous : les Français se secourent les uns les autres et forment comme une grande famille : la nation.

Chaque ville de France a pour les orphelins, pour les infirmes et les malades, des maisons, du pain, des vêtements.

Oh! combien Pierre et

Jeanne sont heureux dans leur misère d'avoir des compatriotes qui viennent à leur aide! Combien ils aiment leur seconde famille, la Patrie!

Cour d'un asile d'orphelins.

Comme eux, enfants, vous devez aimer votre patrie, la France, qui veille sur vous et vous secourrait au besoin.

**Exercices.** — Comment s'appellent les enfants qui ont perdu leurs parents? — Est-ce un grand malheur d'être *orphelin?* — Avez-vous vu des personnes *infirmes?*... Les *aveugles*, les *boiteux*, les *paralytiques* sont-ils infirmes? — Comment appelle-t-on les maisons où l'on recueille les orphelins, les malades, les infirmes? — Regardez la première gravure : pouvez-vous lire les mots qui surmontent la porte de l'édifice? — Regardez maintenant la seconde gravure; que représente-t-elle?... N'est-ce pas l'heure de la récréation pour les jeunes orphelins? — Qui appelle-t-on des *compatriotes?* — Pensez-vous que les malheureux recueillis dans les *hospices* doivent aimer la France? — La France n'est-elle pas pour eux et pour nous comme une seconde famille? — Qu'appelle-t-on *nation?* (Un peuple, un ensemble d'hommes soumis aux mêmes lois.) — De quelle nation êtes-vous? — Qu'entend-on par la gloire *nationale?*... par l'honneur *national?*

(Morale)

## 4. RESPECTONS ET AIDONS LES VIEILLARDS

Une femme âgée tricotait à l'ombre d'un tilleul dans un jardin public de Paris. Il faisait chaud, la pauvre vieille s'endormit sans s'en apercevoir.

De ses mains ridées le tricot s'échappa, et le peloton de laine roula au loin.

Un square de Paris.

Un jeune chien s'empara aussitôt du peloton avec mille gambades. Bientôt le tricot suivit le peloton, et le chien allait le déchirer à belles dents.

Des enfants regardaient, et riaient à qui mieux mieux.

Seule, une petite fille de cinq ans s'approcha gravement du jeune chien. Elle lui retira le peloton et le tricot. Puis elle les remit bien en ordre sur les genoux de la bonne vieille, qui dormait toujours.

S'adressant ensuite aux enfants qui la regardaient, elle leur dit de sa voix douce :

— J'ai une bonne grand'mère que j'aime. Elle est âgée comme cette pauvre vieille. Elle m'a appris que nous devons toujours aider et respecter les vieillards.

**Exercices.** — Comment appelez-vous le *père de votre père* ou *de votre mère ?* — Et la *mère* de votre père ou de votre mère, comment l'appelez-vous ? — Avez-vous le bonheur d'avoir encore vos *grands-parents?* — Les aimez-vous beaucoup ? — Seriez-vous content de voir des enfants de votre âge se moquer d'eux ?... Eh bien, quand vous rencontrez des *vieillards*, il faut songer à vos grands parents et être *respectueux* envers eux. — Regardez l'image du livre. Savez-vous ce que c'est qu'un *square?*... C'est un petit jardin placé au milieu des villes et où tout le monde a le droit d'entrer. Ceux qui n'ont pas de jardin à eux ne sont-ils pas très heureux d'y venir ? — Qu'est-ce qui donne de l'*ombre* sur les places et dans les squares? — Les enfants qui abîment les arbres des squares ou des places font-ils mal? — Expliquez les mots *mains ridées, tricot, peloton.* — Connaissez-vous parmi vos vêtements quelque objet *tricoté?* — Expliquez les mots : *déchirer à belles dents, rire à qui mieux mieux.* — Que dit la petite fille aux enfants étourdis qui la regardaient? Etc.

---

**(Instruction civique et géographique)**

## QUATRIÈME LEÇON DE CHOSES

## LA CAPITALE DE LA FRANCE

Paris est la capitale de la France. C'est à Paris, en effet, que se tient le gouvernement.

Vue de Paris à vol d'oiseau.

Paris est la plus grande et la plus belle ville de la Patrie.

Toutes les routes nationales, tous les chemins de fer y aboutissent.

Savez-vous combien Paris a d'habitants? — Deux millions.

La rue de Rivoli à Paris.

Et savez-vous, au moment même où vous lisez ce livre, combien il y a d'enfants dans les écoles de Paris, qui sont comme vous en train de s'instruire?

— Plus de trois cent mille!

**Exercices.** — Qu'est-ce qu'on appelle *capitale* d'un pays?... N'est-ce pas la ville où se tient le *gouvernement*, c'est-à-dire les hommes qui gouvernent le pays et font les *lois?* — Quelle est la *capitale de la France?* — Quelle est la plus grande et la plus belle ville de la France? — Regardez la première gravure. Savez-vous ce que c'est qu'une *vue de Paris à vol d'oiseau?*... C'est la vue que vous auriez si vous étiez oiseau et si vous passiez au-dessus de Paris. — Que représente la seconde gravure? — Qu'est-ce qu'une route *nationale?*... C'est une grande route qui traverse plusieurs départements et qui est entretenue aux frais de la nation entière. — Où aboutissent toutes les *routes nationales*, tous les *chemins de fer* de France? — Combien Paris a-t-il d'*habitants?* — Combien y a-t-il d'enfants dans les *écoles de Paris?* Etc.

(Morale)

## 5. LES FRÈRES

Deux jeunes frères s'aimaient de tout leur cœur.

Un jour le plus jeune tomba malade; l'aîné, bien triste, s'assit alors à côté de son petit lit.

Au lieu d'aller sauter et rire avec les autres enfants, il resta près de son frère.

Quand son frère dormait, il faisait sans bruit ses devoirs. Dès que son frère s'éveillait, il lui faisait prendre les boissons amères que le médecin avait ordonnées.

C'était lui qui l'amusait : il lui montrait les images de ses livres; il le faisait sourire au milieu des souffrances de la maladie.

Lorsque, grâce à tant de bons soins, le petit frère se fut guéri, et que les deux enfants purent reprendre ensemble leurs études et leurs jeux, il leur sembla qu'ils s'aimaient davantage encore et qu'ils étaient plus heureux.

Car tous les maux semblent doux lorsqu'un frère nous aide à les supporter.

O mon frère ! ressemblons à ces enfants. Aimons-nous comme eux, et que jamais rien ne puisse nous désunir !

**Exercices.** — Avez-vous un *frère* ou une *sœur?* — Les aimez-vous ? — Si vous étiez malade, seriez-vous content que votre frère vous tînt compagnie? Qu'est-ce qu'un *médecin?* — Vous a-t-on quelquefois fait prendre des boissons *amères?* — Les enfants à qui on donne des boissons amères doivent-ils les prendre sans se faire prier?... N'est-ce pas pour leur bien qu'on les leur ordonne? — Comment appelle-t-on ce qu'un médecin *ordonne* à un malade?... C'est l'*ordonnance* du médecin. — Savez-vous comment s'appellent ceux qui font des *dessins*, des *images?* — Aimeriez-vous à savoir *dessiner?*... Vous apprendrez quand vous serez plus grands.

(Préparation à l'économie politique)

## CINQUIÈME LEÇON DE CHOSES

### LES MÉTIERS. — LA FAMILLE HUMAINE

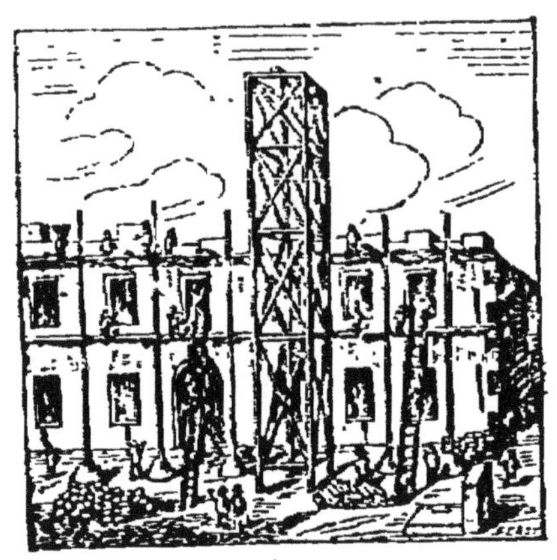

Les maçons.

En fants, tous les hommes ont be soin les uns des au tres et tra vail lent les uns pour les au tres.

Qui a bâ ti vo tre mai son? — Ce n'est pas vo tre pè re; c'est le ma çon.

Les semeurs.

Qui a se mé le blé dont on fait vo tre pain? — C'est le cul-ti va teur.

Et la toi le que votre mè re coud pour

vous vêtir, est-ce elle qui l'a tissée ? — Non, c'est le tisserand.

Et vos souliers, qui les a faits ? — Le cordonnier.

Le cordonnier.

Vous voyez donc combien les hommes se rendent service l'un à l'autre. Enfant, si vous étiez transporté tout seul dans une île déserte, comment feriez-vous ?

Aucun de nous ne peut se passer de l'aide des autres hommes et de ses concitoyens.

Aimons-nous donc tous comme des frères.

**Exercices.** — Avez-vous vu bâtir des *maisons?* — Quels sont les ouvriers qui font les *murs* des maisons ? — Et ceux qui font les *portes* et les *fenêtres* des maisons ? — Et ceux qui font les grosses poutres qui soutiennent le toit et qu'on appelle *charpentes ?* — Et ceux qui *peignent* les portes, les fenêtres et les persiennes? — Et ceux qui font les *serrures* pour les portes? — Voyez que d'hommes travaillent pour faire seulement une maison! — Et maintenant, comptons tous ceux qui ont travaillé pour vous donner le petit morceau de pain de votre goûter. Avec quoi fait-on le *pain?* — Pour avoir du *blé*, ne faut-il pas d'abord labourer la terre? Comment s'appellent ceux qui *labourent?* — La terre préparée, on *sème* le blé; ce sont les.... *semailles;* voyez l'image du livre qui les représente. — Le blé semé, savez-vous combien de temps il lui faut pour pousser et mûrir?... Plus de six mois. Une fois mûr, on le coupe, cela s'appelle la.... *moisson.* — Après cela, qui fait de la *farine* avec le blé? — Et la farine, qui en fait du *pain?* — Voyez combien ce petit morceau de pain a coûté de peine! A présent que vous savez combien le pain est *précieux*, il ne faut jamais en perdre un morceau. — Comment appelle-t-on celui qui a fait vos *souliers?* — Avec quoi les a-t-il faits? — Qu'est-ce que le *cuir?* Etc.

---

**(Morale)**

## 6. LA GOURMANDISE

— Mi net, Mi net, voi ci du lait que je t'ap por te. Bois, mon pe tit Mi net.

Ain si par lait Paul à un jo li pe tit chat blanc.

Le chat.

Mais Mi net n'a vait ni faim ni soif, et il re fu sait de boi re.

Paul é tait très con tra ri é. Il al la jus qu'à met tre dans le lait le bout du nez de

Minet. Il était persuadé que, si Minet goûtait le lait, il le trouverait si bon qu'il le boirait vite. Mais rien n'y fit.

La mère de Paul assistait à cette scène :

— Vois, mon ami, lui dit-elle, Minet te donne une leçon de sobriété. Tu as beau lui offrir de bonnes choses ; s'il n'a pas faim, il les laisse. Aussi Minet n'a jamais d'indigestion.

Les enfants gourmands devraient avoir bien honte : ils sont moins raisonnables qu'un animal.

**Exercices.** — Est-ce beau d'être *gourmand?* — Non seulement c'est *honteux*, mais c'est *nuisible* à la santé. — Qu'arrive-t-il souvent aux gourmands ?... Ils se donnent des... *indigestions*. — Cela fait-il bien souffrir ?... Oui certes, et l'on peut même en mourir. — Avez-vous un petit *chat ?* — Qu'est-ce qu'il a sur le corps au lieu d'habit ? — De quelle couleur est ce *poil?* — Savez-vous comment on appelle encore le poil du chat qui lui sert d'habit ? Sa... *fourrure*. — Combien a-t-il de *pattes*, votre petit chat ? — Tous les animaux ont-ils *quatre pattes ?* — Savez-vous comment on appelle les animaux qui ont quatre pattes ? — Qu'est-ce que votre petit chat a au bout des pattes pour se défendre et *égratigner?* — Avez-vous remarqué qu'il rentre ses griffes quand il veut être aimable ? il fait alors *patte de velours.* — Est-ce que vous pouvez rentrer aussi vos ongles ou les allonger à votre gré ?... Eh bien, tous les animaux ne peuvent pas non plus faire comme le chat. Le chien par exemple ne peut allonger ou rentrer ses ongles. — Expliquez le mot *scène* (spectacle auquel on assiste, chose qui se passe sous vos yeux). — Quel est le contraire de la gourmandise? La... *sobriété.* Habituez-vous à être sobres.

---

**(Sciences usuelles)**

## SIXIÈME LEÇON DE CHOSES

### DEVINE : NOTIONS USUELLES

I. Adèle, la sœur aînée, conduisait à l'école Jules, son jeune frère.

Jules aimait les jeux où l'on vous donne quelque chose à deviner.

Le ruisseau.

Un jour qu'ils traversaient le ruisseau sur une planche, sa sœur lui dit : — Devine où va ce ruisseau ?

— Il va à la rivière.

— Et la rivière, où va-t-elle ?

La rivière.

Jules ne répondit rien.

— Au fleuve, lui dit sa sœur; et le fleuve à la mer, à la grande mer dont l'eau est saléc et couvre les trois quarts de la terre.

Embouchure d'un fleuve.

— Je voudrais bien la voir, dit Jules.

— Tu la verras peut-être un jour. En attendant, devine encore quelque chose.

II. Devine ce qui produit le jour et la nuit.

— C'est le soleil, en se levant et en se couchant.

La terre éclairée par le soleil.

— Oui, mais qu'est-ce qui fait que le soleil paraît se lever et se coucher ?

Jules ne savait pas. — C'est, lui dit sa sœur, que la terre est ronde et tourne sur elle-même en vingt-quatre heures.

Et Adèle ajouta : — Regarde, tu vas être le soleil et moi la terre. Maintenant je vois ta figure et tu m'éclaires, il fait jour pour moi;

mais je tourne sur moi-même et je ne te vois plus, il fait nuit pour moi.

Jules était bien content, et la sœur aînée était heureuse d'instruire son jeune frère.

**Exercices.** — I. Aimez-vous les jours où il pleut? — Cependant la *pluie* est *utile*... Qu'est-ce qui forme les *ruisseaux?* — S'il ne pleuvait jamais, que deviendraient les ruisseaux? — Si l'eau manquait aux *plantes* et aux *arbres*, que deviendraient-ils? — Avez-vous vu la *mer?* — Savez-vous quel *goût* a *l'eau de la mer?* — D'où nous vient le *sel* avec lequel nous salons nos aliments? — La mer est-elle grande? — II. Qu'est-ce qui produit le *jour* et la *nuit?* — Le soleil se lève-t-il et se couche-t-il réellement?... Non, c'est notre terre qui tourne sur elle-même comme une toupie et présente au soleil tantôt une moitié, tantôt l'autre. — Les moitiés de la terre s'appellent des *hémisphères*. Etc.

---

**(Morale)**

## 7. HISTOIRE D'UNE PETITE FILLE PARESSEUSE

La tante de Lucien et de Louise avait consenti à les emmener passer toute une journée à sa campagne.

Dans cette campagne il y a de belles fleurs, une escarpolette et une petite ânesse très douce, sur le dos de laquelle on fait des promenades charmantes.

L'âne.

Lucien et Louise étaient enchantés; mais il fallait se lever de bonne heure pour partir le lendemain matin.

L'escarpolette.

Or, Louise est une petite paresseuse : il faut l'éveiller de force chaque matin. Une fois sortie du lit, elle est maussade et ne veut point travailler.

Quand la tante des deux

enfants vint les éveiller, Louise compta qu'on allait, comme d'usage, la tirer par force du lit, et en attendant elle se rendormit.

Mais la tante de Louise n'aime pas les paresseuses, et elle déteste les petites filles maussades. Aussi se garda-t-elle d'éveiller Louise une seconde fois.

Dès que Lucien fut habillé, la tante le prit par la main et le fit asseoir dans la voiture.

Clic, clac, le fouet fait si grand bruit que Louise s'éveille enfin.

En entendant les roues de la voiture sur le sable

de la route, elle court pieds nus à la fenètre, et elle aperçoit la voiture qui s'en va au galop.

Alors elle tend les bras avec désolation et se prend à pleurer de tout son cœur.

— Au lieu de pleurer, lui dit sa mère, corrige-toi, ma fille. Si tu étais plus active à te lever, tu ne serais pas restée à la maison.

Louise a compris la leçon et elle s'est enfin corrigée.

**Exercices.** — Comment appelle-t-on ceux qui ne veulent pas *travailler?* — Et ceux qui ne veulent pas *sortir du lit* le matin ? — Est-ce beau d'être *paresseux ?* — Avez-vous compris l'histoire de la petite fille paresseuse ? Pourriez-vous me la redire? voyons, essayez. — Avez-vous vu des *ânes ?* — Est-ce un animal *utile?* — Savez-vous quelles sont ses *qualités?...* Il n'est pas gourmand, il supporte bien la fatigue, et il coûte moins à nourrir que le cheval. — Savez-vous quel est son *défaut?...* A qui compare-t-on les *entêtés?* — Combien l'âne a-t-il de jambes ? — Vous rappelez-vous comment s'appellent les animaux qui ont *quatre jambes?* — Voyez la seconde image du livre, que représente-t-elle ? — Avec quoi sont faites les *escarpolettes* ou *balançoires?* Les *planches*, d'où les tire-t-on? — Et les *cordes*, avec quoi les fait-on? Avec le... *chanvre*. Le chanvre est une plante que l'on cultive dans les champs comme le blé. — Expliquez les mots *enchanté*, *maussade*, etc.

(Instruction civique)

## SEPTIÈME LEÇON DE CHOSES

### LA MAIRIE

Enfants, vous passez souvent devant la mairie.

Vous avez souvent regardé le drapeau de la France qui flotte sur la porte.

La mairie.

La mairie s'appelle la maison commune. C'est en effet la maison où l'on s'occupe des intérêts de toute la commune.

On s'y occupe des rues à faire, des chemins à entretenir, des écoles à réparer ou à bâtir.

On s'y occupe de vous-mêmes, enfants : car, le jour de votre naissance, votre nom y a été inscrit sur un grand registre.

**Exercices.** — Comment s'appelle la *maison commune* d'une ville ou d'un village ? — Qu'est-ce qui flotte les jours de fête au dessus de la porte de la *mairie ?* — Quelles sont les couleurs du *drapeau* de la France ? — De quoi s'occupe-t-on à la mairie ? — Qu'est-ce qu'un *registre ?*... En avez-vous vu chez les marchands ?... Je vais vous dire comment s'appelle le grand registre où votre nom est inscrit : c'est le *registre de l'état civil.* — Savez-vous comment on appelle la mairie dans les grandes villes ?... On l'appelle l'*hôtel-de-ville.*

---

(Morale)

## 8. CARNOT

### LA RECONNAISSANCE ENVERS L'INSTITUTEUR

Il y a eu un grand homme qui s'est illustré en défendant la France : c'est Carnot. Il était né dans un bourg de la Côte-d'Or, à Nolay.

Portrait de Carnot.

Un jour, après ses grands travaux, il revint visiter sa petite ville natale, au milieu des coteaux chargés de vignes.

Il monta le chemin qui mène à l'école, et dans la maison d'école il retrouva son vieux maître, blanchi par les années, qui enseignait encore les petits enfants. Il se jeta à son cou, et le montrant aux jeunes garçons qui l'entouraient :

— « Voilà, dit-il, après mes parents, l'homme à qui je dois le plus ; voilà mon second père.

» C'est ici, dans cette petite école, que j'ai appris à connaître et à aimer la Patrie.

» Gloire à la France, et honneur à votre instituteur qui en est le représentant ! ».

**Exercices.** — Qu'est-ce qu'on veut dire d'un homme quand on l'appelle un *grand homme*, un *homme illustre* ?... Cela ne veut-il pas dire qu'il a fait de *grandes actions* ou de *grands travaux*, qui ont été très utiles aux autres hommes ? — De quel grand homme a-t-on parlé dans l'histoire que nous avons lue ? — Qu'est-ce que Carnot avait fait de grand ? N'avait-il pas *défendu la France* ? — Il aimait sa patrie, alors ? — Qui lui avait enseigné à *aimer la France* ? — Était-il *reconnaissant* envers son vieux maître pour les leçons qu'il en avait reçues ? — Qu'est-ce qu'une *ville natale* ? — Savez-vous ce que c'est que la *Côte-d'Or* ? — Qu'est-ce qu'un coteau ? une côte ? — Que fait-on avec le *raisin* ? — Quel est le nom du *département* que vous habitez ? — Le *chef-lieu* ? — Combien y a-t-il de départements dans la France ? Etc.

---

(Instruction civique)

## HUITIÈME LEÇON DE CHOSES

### L'ÉCOLE. — L'INSTRUCTION OBLIGATOIRE

Enfants, vous êtes assis en ce moment sur les bancs de l'école, pour y apprendre à lire, à écrire et à compter.

Bibliothèque scolaire.

Est-ce seulement pour obéir à vos parents que vous venez ici vous instruire? — Non, c'est aussi pour obéir à votre patrie.

Une sphère terrestre.

La France ordonne que tous ses enfants soient instruits.

Elle veut qu'ils apprennent de bonne heure à la connaître et à l'aimer.

L'instruction primaire est obligatoire pour tous.

L'instruction secondaire est donnée dans les lycées et collèges; l'instruction supérieure, dans les facultés des lettres et des sciences.

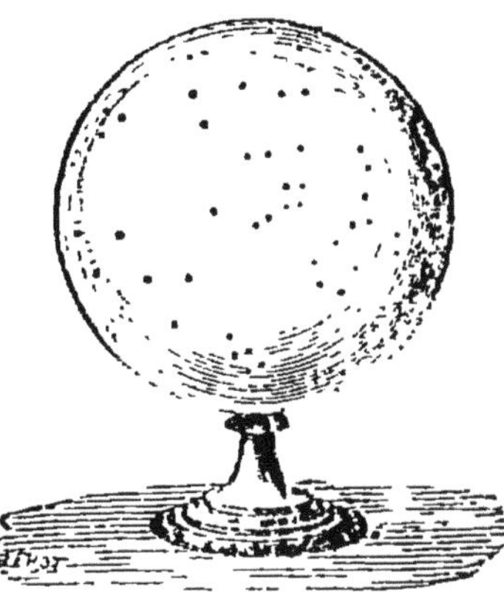
Une sphère céleste.

Allez courageusement à l'école, petits enfants; aimez et respectez votre maître, car c'est la Patrie qui l'a chargé de vous enseigner.

En écoutant ses leçons, vous remplissez le premier devoir d'un enfant français.

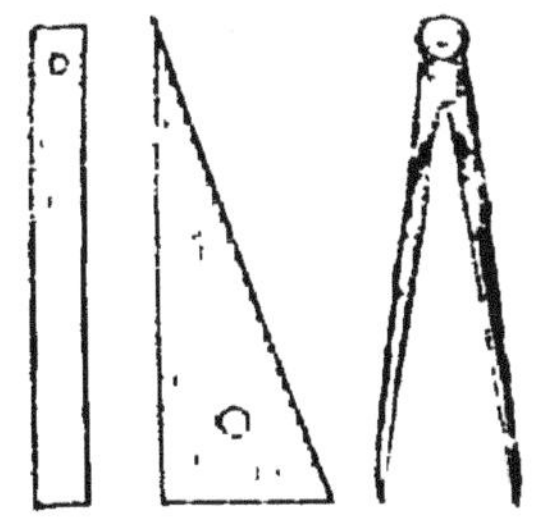
Règle, équerre, compas.

**Exercices.** — Que venez-vous faire à l'*école?* — Est-ce utile de *s'instruire?* — Qui a ordonné que tous les enfants français s'instruisent? — Qui a été chargé par la *patrie* de vous instruire? — Quel est le premier devoir d'un enfant français? — Regardez la première gravure. Savez-vous ce que c'est qu'une *bibliothèque?*... C'est un endroit où l'on range un certain nombre de livres. Y a-t-il une bibliothèque à l'école? — Qu'y a-t-il dans les livres?... Des choses instructives, des histoires qu'il est agréable de lire, des images qui sont belles à regarder. Il faut vite apprendre à lire et l'on vous mettra des livres entre les mains. — Que représente la *sphère terrestre?* — Quelle est la *forme* de la terre ? — La terre est-elle *grande ?* — Savez-vous combien vos petites jambes mettraient de temps à en faire le tour, si vous pouviez marcher toujours sans rencontrer d'obstacles ?... Plus de dix ans. — Quelles sont les *cinq parties du monde ?* — Dans quelle partie est située la *France*, que vous habitez ? — Qu'est-ce que représente la *sphère celeste ?*... Elle représente la place et le mouvement des *astres* dans le ciel. — Regardez la *règle* dessinée dans votre livre. Quelle espèce de *lignes* sert-elle à tracer ? *Droites* ou *courbes ?* — Regardez l'*équerre* qui est dans votre livre ; à quoi sert l'équerre ? — Montrez-moi ce qu'on appelle des *angles* dans la classe ? — A quoi sert le *compas ?* N'est-ce pas à tracer des *ronds*, des *cercles ?* Etc.

---

**(Morale)**

## 9. LA PERSÉVÉRANCE

### LES GOUTTES D'EAU

Un filet d'eau tombait goutte à goutte d'un rocher.

Une petite fille prit une feuille de capucine toute ronde et s'amusa à y recueillir quelques gouttes d'eau.

Une source.

Au soleil, ces gouttes brillaient sur la feuille comme autant de perles.

— Maman, que ces gouttes sont jolies ! Elles sont si légères qu'elles roulent sur la feuille sans la ployer.

— Et pourtant, dit la mère, elles sont assez fortes pour creuser peu à peu le dur rocher. Vois comme la pierre qui les reçoit est usée !

La petite était bien étonnée.

— Comment cela peut-il se faire ? dit-elle ; chacune de ces gouttes pèse si peu !

— Oui, mais elles se suivent sans repos nuit et jour. Souviens-toi, mon enfant, que rien ne résiste à la persévérance.

Si chaque jour tu travailles assez pour apprendre quelque chose, tu finiras par devenir savante.

**Exercices.** — Avez-vous vu des *feuilles* et des *fleurs de capucines* ? — Quelle est la forme de ces feuilles ? — Y a-t-il beaucoup de feuilles de plantes qui soient *rondes* ?... Les feuilles ne sont-elles pas d'ordinaire allongées en pointe ? — Qu'est-ce qu'une *source* ?... N'est-ce pas une eau qui sort de la terre ou des rochers ? — Que devient l'eau des sources ?... Elle forme des... *ruisseaux*, des... *rivières*, des *fleuves*. — Comprenez-vous bien ce que c'est que d'être *persévérant ?*... N'est-ce pas de continuer jusqu'au bout ce que l'on a commencé ? — Si vous vous instruisez chaque jour avec persévérance, que deviendrez-vous ? Etc.

---

(Instruction civique)

## NEUVIÈME LEÇON DE CHOSES

### LA POSTE. — VOYAGE D'UNE LETTRE

An gè le é taît bien con ten te de sa voir é cri re. El le ve nait de fai re une jo lie let tre pour son on cle, qui é tait sol dat en Al-gé rie.

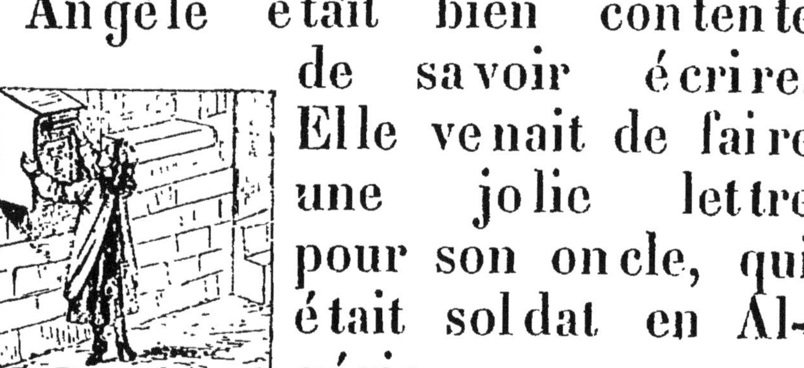

La boîte aux lettres.

El le a vait el le-mê me, de sa plus bel le é cri-tu re, é crit l'a dres se sur l'en-ve lop pe, puis el le y a vait col lé un tim bre-pos te.

El le al la met tre sa let tre dans la boî te, en se haus sant sur la poin te des pieds.

— Mais est-il bien sûr qu'el le

arrivera à mon oncle? demanda-t-elle à sa mère, en voyant la lettre disparaître dans le trou.

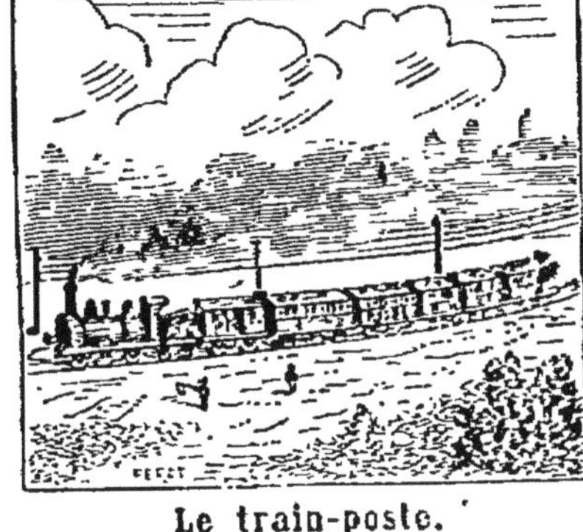

Le train-poste.

— Assurément, chère petite. On va mettre ta lettre dans un paquet. Le chemin de fer la portera à Marseille. A Marseille, elle sera transportée dans un navire à vapeur jusqu'à Alger.

Paquebot à vapeur.

A Alger, le facteur lira l'adresse, et la portera tout droit à ton oncle : le voyage de ta lettre sera achevé.

— Et tout cela n'aura coûté

que quinze centimes! dit Angèle. Voilà un voyage qui n'est pas cher.

— En effet. Tu vois comme les choses sont bien arrangées. Et maintenant, sais-tu combien la poste française transporte de lettres chaque année?... Cinq cents millions.

Distribution des lettres.

**Exercices.** — Qu'est-ce que l'*Algérie?* — Dans quelle *partie du monde* se trouve l'Algérie ? — Qu'est-ce qui sépare l'Algérie de la France ?... — Pourrait-on aller à pied de France en Algérie ? — Où prend-on le *bateau à vapeur* pour aller à Alger ?... C'est le plus souvent à *Marseille*. Marseille est une grande ville au bord de la mer. C'est un *port de mer*.

— Avez-vous regardé la *boîte aux lettres?* Y avez-vous mis des lettres quelquefois ? — Qu'est-ce qu'on écrit sur l'*enveloppe* d'une lettre ? — Si vous receviez une lettre, dites-moi comment l'*adresse* devrait être rédigée? — Si l'adresse était mal mise, la lettre vous arriverait-elle ? — Savez-vous ce que c'est qu'un *train-poste* de chemin de fer ?... Un train-poste est celui qui emporte les lettres, et il va d'habitude très vite. — Qui est-ce qui *distribue* les lettres ? — Combien la poste française distribue-t-elle de lettres chaque année?

---

(Morale)

## 10. LE CHIEN ENRAGÉ

### COURAGE D'UNE PETITE FILLE

I. L'heure de l'école n'était

pas encore venue. De jeunes enfants, sur la place, avaient formé une ronde.

Ils chantaient à pleine voix, et l'on entendait leur refrain : Ah !... ah !... ah !...

Soudain, un coup de fusil retentit, puis des cris : — Sauvez-vous !... sauvez-vous !...

Les enfants interdits s'arrêtent ; ils regardent, et dans la rue voisine ils aperçoivent un chien énorme, la gueule écumante, les yeux hagards.

Un chien enragé.

En un clin d'œil, la petite troupe d'enfants a compris que le chien est enragé. A toutes jambes chacun gagne la plus proche maison.

II. Seul, un petit garçon de

trois ans, heurté par ses camarades plus forts, avait trébuché.

Il s'était blessé en tombant; il ne se relevait pas et le chien allait arriver vers lui.

Ses camarades effarés le regardèrent, l'appelèrent, sans oser aller à son secours.

Cependant les poltrons auraient eu le temps; mais ils ne bougeaient pas.

Alors une petite fille de neuf ans, sa sœur Lucie, voyant le péril de son frère, s'élança plus rapide qu'une flèche. Elle releva l'enfant, le prit dans ses bras et s'enfuit avec lui.

Quand le chien furieux arriva sur la place, un second coup de feu l'atteignit à la tête et le renversa.

Lucie et son frère étaient sauvés. On entoura la courageuse petite fille. La maîtresse d'école la félicita. Lucie répondit doucement :

— Ne nous avez-vous pas appris qu'une sœur aînée doit être comme une mère pour ses frères plus jeunes ?

**Exercices.** — I. Expliquez les mots *chien enragé*, *yeux hagards*, *effarés*, etc. — Quand on a été *mordu* par un chien enragé, que doit-on faire ?... On doit tout de suite se faire *brûler au fer rouge*, à l'endroit où les dents de l'animal ont pénétré. — II. Avez-vous des *frères* ou des *sœurs* plus jeunes que vous ? — Lorsque votre mère vous les donne à garder, que devez-vous faire ?— Les enfants doivent-ils toucher aux chiens qu'ils ne connaissent pas ? les agacer ? — Est-ce beau d'être *courageux ?* — Savez-vous quelle différence il y a entre le *courage* et l'*imprudence ?*... Les imprudents s'exposent au danger sans nécessité, ils sont coupables. Ainsi les enfants qui, pour s'amuser, traversent la rue en courant, juste au moment où une voiture passe vite, comment les appellerez-vous ? — Et s'ils faisaient la même chose, non pour s'amuser, mais pour sauver un petit camarade en danger, comment les appelleriez-vous ? — On aime, on estime les enfants courageux. On blâme les enfants imprudents, on se moque d'eux et on les punit.

---

**(Instruction civique)**

## DIXIÈME LEÇON DE CHOSES

### L'AFFICHE. — ARRÊTÉS DES MAIRES ET PRÉFETS

La classe venait de finir.

Les enfants sortaient joyeusement de l'école.

Au moment où ils passaient

sur la place du village, ils aperçurent l'afficheur qui collait sur le mur une grande feuille.

L'afficheur.

Les enfants s'approchèrent pour la voir.

Le plus grand leur dit que c'étaient trois arrêtés de M. le Maire. L'un ordonnait de tenir les chiens renfermés ou en laisse; l'autre d'écheniller les arbres; le troisième indiquait les lieux où il était permis de se baigner.

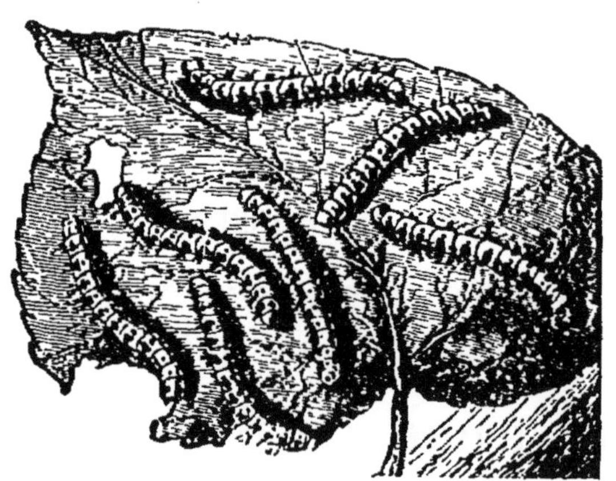
Feuille dévorée par des chenilles.

— Mais, demanda Léon, un des

plus jeunes écoliers, si quelqu'un faisait ce que M. le Maire défend, qu'arriverait-il ?

— Eh bien, dirent les autres, il serait puni et paierait une amende. Tu sais bien que c'est dans l'intérêt de tous, ce que M. le Maire ordonne. Il est nommé pour veiller sur la commune comme un bon père de famille veille sur sa maison.

On affiche de même les arrêtés du *préfet*, qui veille aux intérêts du département entier.

**Exercices.** — Regardez la première image du livre. Que fait l'homme qu'elle représente ? — Savez-vous ce que c'est qu'un *arrêté* ?... Un arrêté est un ordre écrit auquel on doit obéir, sous peine d'être puni par la loi. — Si vous ne saviez pas lire, pourriez-vous prendre connaissance des *affiches* et des *arrêtés* qui sont dessus ?... Voyez combien il est utile de savoir lire. — Regardez la seconde image du livre ; qu'est-ce qu'elle vous montre ? — Si on ne détruisait pas les *chenilles*, qu'arriverait-il ? — Qu'est-ce qu'*écheniller* ?... Echeniller, c'est détruire les nids de chenilles avant que les œufs n'éclosent. — Avez-vous vu des *nids* de chenilles ?... Il y a des milliers d'œufs dans un seul petit nid : si l'on attend que ces œufs soient éclos, pourra-t-on attraper les milliers de chenilles qui en sortent ?... Elles dévoreront tout. — Comprenez-vous pourquoi on ordonne à tous d'écheniller les arbres ?... Les chenilles ne passent-elles pas aussi du jardin du voisin dans le vôtre ? Si votre voisin n'échenille pas ses arbres, il vous cause du tort. — Est-il permis de se *baigner* partout ? — Y a-t-il dans les *rivières* des endroits dangereux ? — Les enfants qui s'y baignent sont-ils *courageux* ou sont-ils imprudents ? Rappelez-vous notre dernière leçon. — Doit-on obéir aux ordonnances du *maire* ? — Si on ne le faisait pas, serait-on *puni* ? — Expliquez les mots *tenu en laisse*, *commune*, *amende*, etc. — Qu'est-ce que le *préfet* ? — Un *fonctionnaire du gouvernement*, placé à la tête du *département* ? — Où réside le préfet ? — Au chef-lieu.

(Morale)

## 11. LE SAGE EMPLOI DU TEMPS

### HISTOIRE D'UN PETIT BOUVIER

L'enfant qui sait bien employer sa journée est déjà un petit homme.

— Va, mon fils, a dit la mère de Pierre, va chercher les bœufs dans l'étable et mène-les paître aux champs.

Le petit bouvier.

Pierre, obéissant à sa mère, court aussitôt à l'étable. Il mène dans le pré les grands bœufs, qui, joyeux d'être libres, galopent comme de jeunes veaux.

Pierre, pour les garder, s'assied dans l'herbe haute.

Mais il a tiré quelque chose de sa poche... Qu'est-ce donc? — C'est son livre de classe. Il veut étudier ses leçons tout en gardant les bœufs.

Le voilà au travail. Il tourne les pages du livre, tandis que les bœufs broutent l'herbe avidement.

Le temps passe vite au travail.

Déjà le soleil descend lentement du ciel, le soir vient.

Pierre ramasse alors son livre, et poussant devant lui les bœufs mugissants, il les ramène à l'étable.

Le lendemain, Pierre savait toutes ses leçons; il lisait couramment dans son livre.

Et le maître satisfait donna au petit gardeur de bœufs la

récompense qu'on donne au meilleur écolier.

**Exercices.** — Qu'est-ce qu'un *bouvier?*... Une *étable?* — A quoi servent les *bœufs?* — Les avez-vous vus traîner la *charrue?* — Que fabrique-t-on avec la *peau* du bœuf? — Nommez-moi des objets faits avec du *cuir.* — Et la graisse des bœufs et des moutons, qu'on appelle *suif,* à quoi sert-elle?... Le suif sert à faire des... *chandelles,* des *bougies.* — Que faisait le petit bouvier dont vous venez de lire l'histoire? — Désirez-vous savoir très bien lire? — Que faut-il faire pour cela? Etc.

---

(Sciences usuelles)

## ONZIÈME LEÇON DE CHOSES

### L'HORLOGE DE LA MAIRIE. — HEURES, JOURS ET ANNÉES

L'horloge de la mairie sonne lentement d'une voix grave.

L'horloge de la mairie.

Un, deux, trois, quatre, cinq, six, sept, huit... Huit heures! C'est le moment de la classe.

Combien de fois par jour la grosse cloche sonne-t-elle l'heure? — Vingt-quatre fois. Car il y a vingt-quatre heures dans un jour.

Et combien y a-t-il de jours dans l'année? Trois cent soixante-cinq.

Que de fois l'heure sonne dans une année!

Ainsi le temps passe toujours, jamais moins vite, jamais plus vite.

Et cependant il y a des heures qui semblent longues! Demandez au paresseux qui s'ennuie et qui compte les minutes.

Au contraire, pour l'enfant qui aime le travail, les heures semblent courtes.

— Quoi! dit-il quand la cloche sonne, voilà déjà une heure de passée.

Enfants, employez bien les heures : elles vous paraîtront légères et douces.

**Exercices.** — Combien y a-t-il d'*heures* dans un jour? — Et de *minutes* dans une heure? — Combien y a-t-il de minutes dans un *quart d'heure?* — Et dans une *demi-heure?* — Et dans *trois quarts* d'heure? — Quand on dit qu'il y a vingt-quatre heures dans un jour, cela veut-il dire qu'il fait jour pendant vingt-quatre heures?... Non. Par jour de vingt-quatre heures, on entend un jour et une nuit. — Vous souvenez-vous de ce qui produit le jour et la nuit? nous l'avons dit déjà. — Combien y a-t-il de jours dans l'*année?* — Comment s'appellent les enfants auxquels les heures de la classe semblent longues? — Est-ce beau d'être *paresseux?* — Et les enfants auxquels les heures de la classe semblent courtes, comment les appelez-vous? — Aime-t-on les enfants *laborieux?*... Alors appliquez-vous, vous ne vous ennuierez jamais en classe et votre maitre vous aimera.

(Morale)

## 12. LA LINOTTE (Fable)

### BAVARD, CURIEUX ET GOURMAND

Une linotte avait trois petits. L'un était très bavard, l'autre très curieux, le troisième très gourmand.

Un jour, avant de s'absenter pour chercher leur nourriture, elle donna à chacun un léger coup de bec sur la tête pour leur dire : — Silence, enfants. Soyez plus sages que d'habitude. J'ai vu rôder un oiseau de proie.

L'oiseau de proie.

Les petits, effrayés, blottirent leur tête au fond du nid et se turent tout d'abord.

Mais, après quelque temps, le linot bavard n'y tint plus et se mit à jaser.

Puis le linot curieux avança la tête hors du nid pour voir ce que sa mère faisait.

Enfin le linot gourmand ouvrit le bec en criant : — A manger ! à manger !

Aussitôt un bruit d'ailes se fait entendre dans le buisson ; mais, au lieu des doux yeux de leur mère, les petits oiseaux aperçoivent, entre les feuilles, les yeux cruels de l'oiseau de proie qui va les dévorer.

Par bonheur, un chasseur guettait lui-même l'oiseau de proie. Son coup de fusil part. L'oiseau blessé roule au pied du buisson.

La linotte, toute tremblante, est revenue à tire d'ailes vers ses petits.

Elle étend sur eux ses ailes tendres et leur dit : — Chers petits, corrigez-vous ! Le bavardage, la curiosité et la gourmandise sont trois vilains défauts qui portent toujours malheur.

**Exercices.** — Savez-vous ce qu'on appelle *fable?*... C'est un petit récit où l'on fait parler et agir des animaux pour donner des leçons aux enfants. Le récit que vous venez de lire est-il une fable? — Qu'est-ce qu'un *bavard?* — Et ceux qui veulent tout voir, tout regarder, savoir tout ce qui se passe, comment les désigne-t-on? — Les *curieux* sont-ils bien vus? — Et ceux qui ne songent qu'à *manger*, comment les nommez-vous? — Et ceux qui *boivent* jusqu'à s'enivrer, comment s'appellent-ils ? — Comment désigne-t-on ceux qui ne sont pas *gourmands ?* Ne dit-on pas qu'ils sont *sobres ?* La *sobriété* est le contraire de la *gourmandise*. — Pourriez-vous me dire comment, dans la *grammaire*, on appelle les mots qui désignent des *qualités* et qu'on ajoute aux substantifs ? Ne les appelle-t-on pas des... *adjectifs ?* — Alors les mots *bavard*, *curieux*, que sont-ils ? — Essayez de trouver d'autres adjectifs. — Qu'est-ce qu'un *oiseau de proie ?* — Expliquez les mots : *rôder*, *se blottir*, *jaser*, *à tire d'ailes*, etc.

---

**(Instruction civique)**

## DOUZIÈME LEÇON DE CHOSES

### LE GARDE CHAMPÊTRE

Deux frères regardaient d'un œil d'envie de beaux cerisiers chargés de fruits.

— Il n'y a personne dans les champs, dit le plus petit ; nous pourrions monter dans les cerisiers sans être vus et nous mangerions bien des cerises.

— Ce serait voler, répondit Pierre, je ne veux pas.

— Oh ! les fruits, ce n'est pas comme l'argent ; en manger quelques-uns n'est pas voler.

— Si, reprit Pierre ; toucher au bien d'autrui, c'est toujours voler. Éloignons-nous, Joseph.

Et Pierre prit le petit Joseph par la main, et l'emmena.

A ce moment le garde champêtre, qui était caché derrière la haie, sauta dans le chemin.

Garde champêtre.

— Voilà un brave enfant! dit-il en s'approchant de Pierre et en lui donnant sur la joue une tape amicale.

— Et toi, petit, dit-il à Joseph, rappelle-toi que les maraudeurs sont punis comme les voleurs. Si je t'avais surpris touchant aux cerises, j'aurais dû te faire punir sévèrement au nom de la *loi*.

— Oh! dit le petit Joseph, vous devez bien fermer les yeux quelquefois et faire grâce aux coupables, car on dit que vous êtes bien bon, M. le garde champêtre.

— Petit Joseph, répondit le garde, ce n'est pas être bon que de ne pas faire son devoir. Mon devoir est de surveiller la campagne et de découvrir les malfaiteurs. Je suis payé pour bien faire mon service ; si je ne le faisais pas, je serais moi-même coupable.

**Exercices.** — Avez-vous vu des *cerisiers?* — Quand vous mangez une *cerise*, que trouvez-vous dans le milieu de la cerise? — Savez-vous ce qui arriverait si, au lieu de jeter le *noyau* de la cerise, vous le mettiez dans la terre? — Quand le temps des cerises viendra, cassez un noyau de cerise, vous verrez à l'intérieur la petite amande. C'est elle qui, une fois dans la terre, se gonfle, brise le noyau, pousse et devient un cerisier. — Comment appelle-t-on ceux qui *dérobent* des *fruits* ou des *légumes* dans les champs d'autrui? — Est-ce honorable de *marauder?* — La loi punit-elle les *maraudeurs?* — Connaissez-vous un *garde-champêtre?* — Quel est le devoir du garde-champêtre?

---

## 13. LA GLACE BRISÉE

### DISSIMULATION ET MENSONGE

#### I. — La dissimulation.

C'était un jeudi. Paul et ses amis jouaient à la guerre.

Paul était très fier, car il avait sur sa tête un chapeau de général en carton doré, et de la main droite il brandissait fièrement un sabre de fer-blanc.

Ses amis, à cheval sur des bâtons,

soufflaient dans leurs trompettes. C'était une partie magnifique.

Dans l'ardeur du combat on se poussait si bien, que Paul s'en alla heurter de son sabre une grande vitre d'un seul morceau qui ornait une porte.

La glace était solide; au lieu de se rompre avec fracas comme un verre ordinaire, elle se fendit seulement : — une grande fente qui courait du haut en bas.

Les enfants seuls avaient entendu un petit bruit sec : Tac !

Stupéfaits, ils s'arrêtèrent court. Du regard ils se demandaient que faire.

— Bah ! dit Paul, elle tient encore. On n'en verra peut-être rien; ou bien on croira que c'est la domestique.

Ainsi Paul commit une première faute : la dissimulation.

**II. — Le mensonge.**

On se remit au jeu ; mais Paul était préoccupé, il n'avait plus de plaisir.

Peu de temps après, son père l'appela : — Paul, dit-il en montrant la glace, est-ce toi qui as heurté cette glace ?

— Non, mon père, répondit Paul effrontément. Je crois d'ailleurs qu'il y a longtemps que cette glace est fendue.

Le père regarda son fils avec sévérité :

— Paul, dit-il, apporte-moi ton chapeau de général, ton sabre et ta giberne.

Paul était bien surpris et ses amis aussi. Le père reprit plus sévèrement encore :

— Désormais, tu ne toucheras plus à ces jouets ; car pour être soldat, mon fils, même au jeu, il faut être brave, et tu n'es qu'un poltron. Tu viens de mentir lâchement, pour éviter la punition que tu avais méritée en brisant ma glace. Tu viens de commettre une action déshonorante devant tous tes amis et en face de ton père. Tu as perdu ma confiance. Tu auras désormais beaucoup d'efforts à faire pour regagner mon estime.

Paul était bien triste : il comprenait maintenant que tout menteur est un lâche.

**Exercices.** — I. Qu'est-ce qu'un enfant *dissimulé?*... N'est-ce pas celui qui cache ce qu'il a fait de mal? — Qu'est-ce qu'un *général?* — Expliquez le mot *brandir*. — Citez des *objets en fer-blanc*. — Qu'est-ce qu'une *vitre?* — Combien la classe a-t-elle de vitres? — Avez-vous vu, dans les beaux magasins, de grandes vitres d'un seul morceau?... Ces vitres coûtent très cher. — Expliquez le mot *stupefait*. — Quelle fut la première faute de Paul?

II. Qu'est-ce qu'une *giberne?*... N'est-ce pas un petit coffre en cuir où les soldats mettent leurs... cartouches? — Qu'est-ce qu'un *poltron?* — Comprenez-vous pourquoi un *menteur* est un *lâche?*... C'est parce qu'il ment par *crainte* d'être puni.

---

## TREIZIÈME LEÇON DE CHOSES

### LES ROUTES ET LE CANTONNIER

Adolphe se promenait avec son père sur la grande route. Il y avait de chaque côté des tas de pierres bien alignés.

Adolphe demanda à son père la permission de sauter dessus :

Grande route nationale.

— Ce sera bien amusant, dit-il, et vous verrez comme je suis leste.

— Mon ami, dit gravement le père, regarde là-bas : ne vois-tu pas un homme courbé qui prend beaucoup de peine pour casser les pierres et les ranger avec soin? C'est le cantonnier. Si, en t'amusant, tu déranges le travail qu'il vient de faire, il devra le recommencer. Penses-tu qu'il sera satisfait?

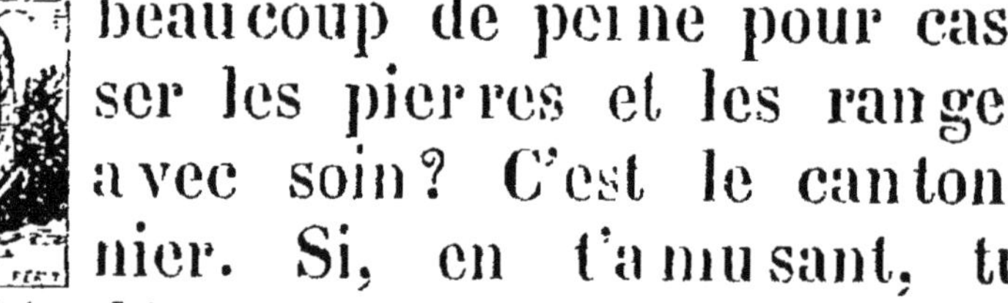

Borne kilométrique.

— Pourquoi range-t-on ainsi des pierres sur la route, dit l'enfant?

— Regarde encore, dit le père. Ne vois-tu pas qu'il y a des endroits où la route est défoncée et a des trous? Ces trous s'appellent des ornières; si on ne comblait pas les ornières,

Une ornière.

elles feraient verser les voitures. Combien nous sommes heureux d'avoir d'un bout de la France à l'autre de belles routes bien entretenues par les cantonniers!

— C'est vrai, dit Adolphe.

— Tu vois, ajouta le père, avant de jouer il faut toujours examiner si l'amusement que tu veux prendre ne nuira à personne.

**Exercices.** — A quoi servent les *routes?* — Dans les *pays sauvages,* savez-vous s'il y a des *grandes routes?* Est-il facile, dans ces pays, de se procurer les choses dont on a besoin? — Et en France, y a-t-il bien des routes? — Regardez la première gravure de votre livre, que lisez-vous sur le *poteau?* — A quoi servent les *poteaux indicateurs* placés ainsi sur les routes? — Et ceux qui ne savent point lire, risquent-ils de prendre le mauvais chemin et de s'égarer? — Est-il utile de *savoir lire?* — Avez-vous remarqué les *bornes de pierre* qui sont sur les grandes routes? A quoi servent-elles? — Qu'est-ce qu'un *kilomètre?* — Les *hectomètres* sont marqués par de petites pierres et les *kilomètres* par des grosses. A chaque pierre que le voyageur rencontre, il sait combien il a fait de chemin. Voyez comme on s'occupe de ce qui est utile! — N'avez-vous pas vu des *arbres* de chaque côté de la route? devinez-vous pourquoi on les a plantés? — Et les *fossés,* savez-vous à quoi ils servent? Qu'y a-t-il dedans après les *pluies?* — Si l'eau qui s'écoule dans les fossés restait sur la route, serait-ce commode? — Qu'est-ce qui prend *soin des routes?* — Savez-vous encore qui vient à l'aide des voyageurs quand un accident leur arrive sur la grande route? — Le *cantonnier* ne fait-il pas une besogne bien utile? — Les enfants qui bouleversent les *tas de pierres* du cantonnier, qui abîment les *arbres* avec leur couteau, que font-ils? — Sachez que la *loi* punit ceux qui touchent aux arbres des promenades et des routes, et apprenez de bonne heure à respecter les choses qui servent à tous. — Expliquez les mots *bien alignés, leste, route défoncée, ornière,* etc.

---

## 14. LES VOLEURS. LA DÉFENSE DE LA PATRIE

I. Le petit Émile habite avec sa mère une maison un peu éloignée du village.

Un soir, ils étaient seuls et prêts à s'endormir lorsqu'ils entendirent du bruit à la porte. Des voleurs forçaient la serrure.

Le chien n'aboyait pas : les voleurs l'avaient empoisonné.

Saisie d'épouvante, mais gardant toute sa présence d'esprit, la mère d'Émile décrocha le fusil de son mari, ouvrit la fenêtre et déchargea un coup de fusil pour attirer l'attention des voisins.

Un fusil.

Pendant ce temps-là, Émile criait d'une voix perçante :

— Au secours, à l'aide!

Tout le village bientôt fut en rumeur. On accourut, on put même saisir un des voleurs. On le garrotta et on le conduisit à la plus prochaine gendarmerie.

II. Émile était pénétré de reconnaissance envers les voisins qui avaient secouru la maison de sa mère. Il frappait dans ses petites mains, et sautait en disant :

— J'aime mon village, où tout le monde aide ceux qui sont en danger!

— Émile, lui dit alors sa mère, notre village est en petit l'image de la patrie.

Tu as vu tout à l'heure, quand nous étions en péril, tous nos voisins se lever pour nous secourir. Eh bien, si notre village même était attaqué par les ennemis de la France, tu verrais tous les Français se lever pour le défendre.

Dans la patrie, tous les citoyens se secourent les uns les autres.

**Exercices.** — I. A quoi servent les *serrures?* — Avec quoi sont-elles faites? — Qui les fait? — Qu'est-ce que *forcer* une serrure? — Expliquez le mot *empoisonné.* — Qu'est-ce qu'un *poison?* — En connaissez-vous? — Vos parents vous défendent-ils de mettre des *sous* dans votre bouche?... Et des *allumettes* chimiques? — N'y a-t-il pas des plantes qui empoisonnent?... Comme les enfants ne les connaissent pas, doivent-ils en mettre dans leur bouche? — A quoi servent les *fusils?* — Avec quelle arme fait-on la chasse? — Avec quelle arme les soldats défendent-ils le pays? — Qu'est-ce qu'on introduit à l'intérieur du *fusil?...* De la *poudre* et des *balles.* — Expliquez les mots *rumeur, garrotter, gendarmerie.* — II. Qu'est-ce qui arrive quand quelqu'un est en danger dans un village? — Et si le village tout entier était attaqué par les ennemis, qu'arriverait-il? — Comprenez-vous maintenant pourquoi le village est en petit l'image de la patrie?

---

(Instruction civique)

## QUATORZIÈME LEÇON DE CHOSES

### LES GENDARMES ET LA PRISON. — LA FORCE PUBLIQUE

Les gendarmes.

Un homme a passé dans la rue, les mains liées, entre deux gendarmes.

Il allait la tête basse, songeant au châtiment qui l'attendait. C'était un voleur.

Les gendarmes l'avaient arrêté au nom de la loi, et ils le conduisaient en prison.

Les gendarmes en effet, agents de la *force publique*, sont chargés de rechercher les voleurs et les assassins.

Ils sont choisis parmi les hommes les plus courageux et parmi ceux dont la probité est à toute épreuve.

Un malfaiteur en prison.

**Exercices.** — Que représente la première gravure ? — Où les *gendarmes* mènent-ils le voleur qu'ils ont arrêté ? — Quand un gendarme arrête quelqu'un, il lui dit : « Je vous arrête *au nom de la loi.* » Comprenez-vous pourquoi ?... N'est-ce pas que le malfaiteur a violé la loi ? — Qu'appelle-t-on *force publique* ?... Les hommes chargés de *forcer* les autres, s'il est besoin, à exécuter la *loi*. — Quels sont les *agents* ou représentants de la *force publique* ? — Les *gendarmes*, les *commissaires de police* et *gardiens de la paix*, les *gardes champêtres*, les *maires*, les *procureurs de la République*. — Quelle est l'occupation des *gendarmes* ? — Parmi quels hommes sont-ils choisis ? — Expliquez les mots *châtiment*, *assassin*, *à toute épreuve*. — Qu'est-ce que représente la seconde gravure ? — Quand on est en *prison*, peut-on sortir pour aller se promener ? — Peut-on essayer de se sauver par les fenêtres ?... — A quoi servent les *barreaux* en fer ? — Y a-t-il des malfaiteurs condamnés à la prison pour toute leur vie ? — Voyez à quelle honte et à quel châtiment s'exposent ceux qui font le mal, ceux qui n'observent pas les *lois* de leur pays.

---

**(Morale et instruction civique)**

## 15. LES OBJETS TROUVÉS

I. Deux pauvres enfants marchaient nu-pieds sur la route, conduisant un troupeau de moutons.

Ils aperçurent dans la poussière un sac renfermant des pièces d'or.

— Oh! dit le plus jeune en contemplant les pièces brillantes,

Bergers.

quelle trouvaille! Voilà plus d'or dans ce sac que nous n'en pourrions gagner pendant dix ans!

— Paul, dit l'aîné, tu sais bien que cet or ne nous appartient pas. Celui qui garde un objet trouvé est un voleur, et la loi le punit.

— Mais, dit Paul, nous ne pouvons le rendre, puisque nous ne savons qui l'a perdu.

— Eh bien, répondit l'aîné, nous le porterons à la mairie : c'est là que ceux qui ont perdu quelque objet vont le réclamer.

Paul soupirait.

— O mon frère, reprit l'aîné, il y a quelque chose de plus précieux que tout l'or du monde, c'est l'estime de soi, c'est l'honneur.

— Tu as raison, reprit enfin le plus jeune.

Et tous deux coururent déposer leur trouvaille à la mairie.

II. Le maire fut frappé de la probité de ces enfants ; il n'ignorait pas combien ils gagnaient peu comme bergers.

— Savez-vous lire et écrire, leur dit-il ?

Ils répondirent que oui.

— Eh bien, reprit le maire, je veux que votre bonne action soit récompensée. Un riche commerçant s'est adressé à moi pour me demander deux enfants dont je puisse garantir la probité. Je lui parlerai de vous.

Maison de commerce.

Les deux frères étaient radieux.

Le maire a tenu parole, les enfants ont été bien placés. Ils sont à présent premiers employés dans une grande maison de commerce.

Paul répète souvent que c'est à la fermeté de son frère qu'ils doivent leur bonheur.

**Exercices.** — I. Avez-vous vu des *moutons* et connaissez-vous leur cri? — Comment s'appelle ce *bé, bé*, que font les moutons? — Qu'est-ce que les moutons ont sur le corps? est-ce du *poil*, comme en ont les chiens, ou des *plumes*, comme celles des oiseaux? — La *laine* que les moutons portent s'appelle leur... *toison*. — Que fait-on de la toison des moutons? — Avez-vous vu *tondre* des moutons?... Pour les tondre, on prend de grands ciseaux et on coupe leur laine très ras. On la nettoie ensuite avant de s'en servir. — Qu'y a-t-il dans votre petit *matelas?* — Avec quoi fait-on le *drap* de vos vêtements? — Ce que vous *trouvez* vous appartient-il, pouvez-vous le garder? — Celui qui *garde ce qu'il a trouvé*, quelle action commet-il? — Quand on ne connaît pas les gens qui ont perdu *l'objet trouvé*, que doit-on faire de cet objet? — Si personne ne vient réclamer *l'objet déposé* à la mairie, que devient-il?... On le rend à la personne qui l'avait trouvé et alors elle peut le garder. — Expliquez les mots *précieux, trouvaille*. — II. Regardez la seconde image de votre livre, que représente-t-elle?... Cette *maison de commerce* est une grande épicerie. — Savez-vous quelles choses se vendent chez l'*épicier?* Citez-en quelques-unes. — Dites-moi d'où vient le *sel?* — Et l'*huile*, ne vous ai-je pas dit quel fruit nous la donne? rappelez-vous. — Et le *poivre*, savez-vous d'où il vient?... C'est la graine d'un petit arbre qui croît dans les pays chauds. — Et le *café?* C'est encore la graine d'un petit arbre des pays chauds. — Ce sont les *navires* qui nous apportent le café et le poivre de ces pays lointains.

---

(Instruction civique)

## QUINZIÈME LEÇON DE CHOSES

### L'ÉCLAIRAGE DE LA COMMUNE

Rose, un soir, revenait de la campagne avec son père.

A mesure que la nuit tombait, l'enfant s'approchait plus près de son père, car elle n'aimait guère l'obscurité. Des voitures passaient; toutes portaient des lanternes.

— C'est joli, ces lumières qui courent sur la route, dit Rose; mais pourquoi éclaire-t-on les voitures?

Une route la nuit.

— Parce que la loi l'ordonne. De cette façon les voitures ne se heurtent pas et ne renversent pas les passants. Regarde là-bas cette autre lanterne auprès d'une bâtisse. Elle éclaire les tas de pierres, afin que nous n'allions pas nous y heurter. C'est encore la loi qui l'ordonne.

Lanterne d'avertissement.

Cependant on arrivait à la ville. En voyant la longue file des becs de gaz qui s'allumaient et faisaient comme une fête au milieu de la nuit, Rose sauta de plaisir.

— Est-ce aussi la loi qui ordonne à l'allumeur d'éclairer la rue, dit Rose?

— Oui, certes, dit le père. Les villes sont tenues d'éclairer leurs rues.

— J'aime la loi, dit Rose; elle songe à tout.

— Mon enfant, dit le père, les lois ont pour but la sûreté de tous, et nous devons toujours leur obéir.

**Exercices.** — Avez-vous vu des *lanternes?* — Pourquoi sont-elles entourées de *verre?* — Quelle est la qualité du verre?... N'est-ce pas d'être *transparent?* — Votre main est-elle transparente? — Et l'eau, est-elle transparente? Si vous mettez une cerise dans un verre d'eau, voyez-vous la cerise au fond du verre? — Le verre est-il *facile à briser?* — Comment diriez-vous pour indiquer que le verre se brise facilement? Vous diriez qu'il est... *fragile.* — Le *fer* est-il fragile? — Les *pierres* sont-elles fragiles? — Trouvez-moi des *objets fragiles.* — Aimez-vous à voir les *rues* s'éclairer le soir, au lieu de marcher dans l'obscurité? — Qui est-ce qui s'occupe de faire *éclairer les rues?*

---

**(Morale)**

## 16. SOINS DUS AUX PARENTS

### DÉVOUEMENT FILIAL

I. Enfants, vous devez aimer vos parents, les respecter, leur obéir.

Plus tard, quand ils seront vieux, vous devrez les soigner comme ils vous soignent à présent, et au besoin les nourrir comme ils vous nourrissent.

Si vous étiez assez mauvais fils pour ne pas le faire, la loi française vous y obligerait en vous punissant !

Joseph était un jeune ouvrier; il avait un vieux père infirme, qui ne pouvait plus marcher. Il le nourrissait de son travail et le soignait avec amour.

Le matin, avant d'aller à l'atelier, il l'installait dans un fauteuil près de la fenêtre; puis il partait, et, de la route, il se retournait pour lui envoyer avec la main un dernier bonjour.

Chacun aimait et estimait Joseph, car un bon fils est honoré de tous.

II. Un soir, Joseph revenait tranquillement du travail ; au tournant du chemin, il aperçut de grandes flammes qui s'échappaient du toit de la maison et qui tourbillonnaient en l'air.

Les voisins s'agitaient en criant :
— Au feu ! au feu !

Joseph, aussitôt, songe à son vieux père, que ses infirmités retiennent là-haut dans sa petite chambre.

Il s'élance dans la maison en feu, il soulève le vieillard, le met sur ses épaules ; et, chargé de ce cher fardeau, il essaie de fuir.

L'incendie.

Mais les yeux de Joseph sont obscurcis par la fumée ; ses jambes fléchissent sous le poids du vieillard ; la respiration lui manque ; il se sent défaillir. Son père s'en aperçoit; doucement il se débat :

— Laisse-moi, dit-il, ne t'obstine pas à me sauver, ou tu vas mourir toi-même.

— Non, dit Joseph, je vous sauverai.

Il se raidit contre la douleur que lui causent les flammes qui lèchent son visage; d'un grand effort, il s'élance hors de la maison qui s'effondre, et dépose son vieux père en sûreté dans la prairie.

Chacun s'empresse autour de l'héroïque jeune homme. Ses cheveux et ses cils étaient brûlés, ses bras étaient couverts de blessures, et un de ses yeux était gravement atteint par le feu.

Mais le noble jeune homme baise les mains de son vieux père, en lui disant : — Qu'importe? avec l'œil qui me reste je pourrai encore travailler pour vous; avec cet œil, je puis vous voir encore me sourire comme autrefois : mon père, je suis heureux !

**Exercices.** — I. Quel est le devoir des enfants à l'égard de leurs parents ? — Qu'est-ce que *respecter* ses parents ? — Est-ce *aimer* ses parents que de leur manquer de respect et de leur désobéir ? — Qui est-ce qui vous *soigne* quand vous êtes malade ? — Qui est-ce qui vous *nourrit* chaque jour ? — Quand vos parents seront *vieux* ou *malades*, qui devra les soigner ? — Qui devra les *nourrir* s'ils n'ont pas le moyen de se nourrir eux-mêmes ? — Et si vous manquiez à le faire, qui vous y *obligerait ?* — Ne serait-ce pas bien honteux que la *loi* dût vous forcer à accomplir ce devoir ? — Aime-t-on les bons fils ?

II. Expliquez les mots : *infirmités, fardeau, obscurcir, fléchir, défaillir, se raidir, s'effondrer, héroïque.* — Qu'était-il arrivé à Joseph en sauvant son vieux père ? — Ceux qui perdent *un œil*, comment les désigne-t-on ? — Et ceux qui perdent *les deux yeux* et n'y voient plus du tout, comment les appelle-t-on ? — Est-ce un grand malheur d'être *aveugle ?* — Quand vous fermez les yeux, qu'est-ce que vous abaissez ainsi sur vos yeux ? N'est-ce pas votre... *paupière ?* Les paupières ressemblent à des portes que vous ouvrez ou fermez comme il vous plaît. — Qu'est-ce qu'il y a au bord de la paupière ? — A quoi servent les *cils ?*... Ils protègent vos yeux contre la... poussière, et aussi contre l'ardeur du soleil : ils ressemblent à un voile léger qui n'empêche pas de voir, mais qui adoucit la lumière. — Savez-vous comment s'appelle le petit rond noir qui est au milieu de votre œil ? C'est la... *pupille.* C'est par ce petit rond que vous y voyez.

---

(Instruction civique)

## SEIZIÈME LEÇON DE CHOSES

### LES POMPIERS

Quand un incendie éclate, le tambour, le clairon ou les cloches appellent tout le monde au secours.

Clairon.

Les pompiers arrivent alors avec les pompes de la commune. Ces pompes ont de longs tuyaux de cuir qui lancent l'eau sur la flamme à une grande hauteur.

Les pompiers montent sur les murailles et sur les toits, au péril de leur vie, pour diriger l'eau sur le brasier.

Souvent les pompiers sont victimes de leur dévouement ; ils sont blessés ou brûlés.

Combien sont coupables ceux qui, par négligence, causent des incendies !

Sapeur-pompier.

Quant à ceux qui mettent le feu volontairement à une maison habitée, la loi les punit de mort.

**Exercices.** — Regardez la première gravure de votre livre, que représente-t-elle ? Avez-vous entendu jouer du *clairon ?* Quand nos soldats, le soir, sonnent la retraite, de quel instrument jouent-ils ? — Avec quoi entendez-vous les airs de la *retraite ?* — Combien avez-vous d'*oreilles ?* — Comment appelle-t-on ceux qui n'entendent pas ? — Est-ce un grand malheur d'être *sourd ?* — Regardez la seconde gravure du livre : qu'est-ce que le *pompier* tient de la main droite ?... N'est-ce pas un barreau de *l'échelle de corde* le long de laquelle il monte ? — Et de la gauche, que tient-il ? — Devinez-vous à quoi lui sert cette *hache ?*... A mettre en pièces les obstacles qui se trouveraient sur son passage, à enfoncer les portes fermées qui empêcheraient de secourir quelqu'un en danger, à jeter bas tout ce qui pourrait prendre feu et communiquer l'incendie de proche en proche. — A quoi servent les *pompes à incendie ?*... A lancer l'eau sur les flammes au moyen de longs tuyaux que l'on dirige dans toutes les directions. — Est-ce dangereux d'être *pompier ?* — Sont-ce des hommes courageux, ceux qui risquent ainsi leur vie ? — Et ceux qui mettent le feu par leur sottise ou leur imprudence ne sont-ils pas très coupables ? —

Ceux qui négligent de faire *ramoner* leurs cheminées ne sont-ils pas punis, si le feu prend chez eux ? — Et ceux qui refusent leur aide en cas d'incendie quand ils sont requis de le faire, sont-ils punis ?... Oui, la loi leur inflige une *amende.*

---

**(Morale)**

## 17. DEVOIRS DE JUSTICE

Henri avait beaucoup de défauts; son père résolut de le corriger, et lui dit : — Pour t'apprendre à être juste envers les autres, je te ferai tout ce que tu leur feras.

Dans un moment de colère, Henri se permit un jour de donner un grand coup de poing à un camarade.

Son père accourut et, lui administrant un coup de poing semblable : — Souviens-toi, lui dit-il, de ne jamais faire à autrui ce que tu ne veux pas qu'il te soit fait.

A quelque temps de là, son père le surprit dérobant dans un verger les fruits du voisin. Son père, aussitôt, saisit le jouet auquel son fils tenait le plus, un beau polichinelle, et il le mit en morceaux.

Quand Henri rentra et vit le polichinelle en pièces, il jeta les hauts cris. Son père lui dit : — Ne viens-tu pas de détruire les fruits du voisin? Souviens-toi que tu dois respecter le bien d'autrui si tu veux qu'on respecte ce qui est à toi.

Une autre fois, Henri se mit à raconter à table beaucoup de mal d'un petit camarade. Le lendemain, son père invita à dîner plusieurs amis de son fils; au dessert, il leur fit le récit de tous les défauts de Henri avec aussi peu de ménagement que Henri en avait mis la veille en parlant de son camarade.

Henri, rouge de confusion, regardait son père avec tristesse; celui-ci lui dit : — Mon fils, comment oses-tu dire du mal d'autrui, puisque tu éprouves tant de peine à en entendre dire de toi-même?

Henri a fini par comprendre les leçons de son père. Il s'est corrigé de tous ses défauts; lorsqu'il est sur le point de faire quelque chose de mal, il se demande :

— Que penserais-je si l'on m'en faisait autant?

**Exercices.** — Qu'est-ce que la *colère?* — N'est-ce pas très honteux de se livrer à la colère? — Avec quoi les méchants donnent-ils des coups?... N'est-ce pas avec les *pieds* et avec les *poings?* — Combien avez-vous de *mains?* Comment désignez-vous vos mains? — Combien avez-vous de doigts à la main *droite?* — Et à la *gauche?* — Et en tout? — Votre petit chat et votre petit chien ont-ils des mains? — Comment les chattes et les chiennes portent-elles leurs petits d'un endroit à un autre? Elles sont forcées de les prendre avec... leur bouche. — Voyez comme les animaux sont embarrassés dès qu'ils ont quelque chose à faire. C'est qu'ils n'ont pas de... mains. — Avec quoi l'homme se façonne-t-il des vêtements, des maisons, des armes, des voitures? — Devez-vous faire un bon usage de vos mains? — Si elles vous servaient à commettre des *actions injustes,* comme de frapper les autres, de leur voler leur bien, ne seriez-vous pas... un *méchant?* — Quelle est la règle de la *justice?*... Ne jamais faire aux autres ce que nous ne voudrions pas qu'ils nous fissent. Répétez cette règle. — Et votre *bouche,* à quoi vous sert-elle? — Si vous mangez trop, si vous parlez trop, faites-vous un bon usage de votre bouche? — Quand vous dites du mal d'autrui, même quand ce mal est vrai, que faites-vous? — C'est ce qu'on appelle de la *médisance,* et quand le mal qu'on dit est faux, cela devient de la *calomnie.* — La loi punit-elle les *calomniateurs?*... Certainement, et de plus ils sont méprisés et détestés de tous. — Votre bouche vous sert-elle à autre chose qu'à manger et à parler? — Qu'est-ce que vous faites quand vous *respirez?*... Vous faites entrer l'air dans votre poitrine. Sans cela vous ne pourriez pas vivre, car l'air entretient la vie. Si l'air que vous respirez est pur, vous vous portez bien; s'il ne l'est pas, vous dépérissez. Pour respirer un air pur, il faut entretenir la propreté partout. — Expliquez les mots : *verger, jeter les hauts cris.* — Avez-vous bien compris l'histoire de Henri et pourriez-vous la redire?

---

(Instruction civique)

## DIX-SEPTIÈME LEÇON DE CHOSES

### LE MARCHÉ. — LE COMMISSAIRE DE POLICE

La mère de Tony l'envoyait chaque matin chercher du lait au marché pour sa petite sœur malade.

Au moment où la laitière mesurait le lait, un commissaire de police se présenta, et, avec un instrument, il vérifia le lait :

Le marché.

— Ce lait est mauvais, dit-il, il y a de l'eau dedans.

Et il saisit le lait pour le jeter; puis il prit le nom de la laitière afin qu'elle fût punie de sa faute.

Il vérifia ensuite le lait d'un petit laitier :

Mesures de capacité.

— Celui-ci est bon, dit-il.

Tony, tout joyeux, se fit mesurer le bon lait. Et, comme il connaissait le commissaire, il s'enhardit à lui dire : — Je suis content que les marchands soient surveillés. Comment ma petite sœur eût-elle pu se guérir si on l'avait nourrie avec de mauvais lait ?

Poids.

Le commissaire sourit et continua son chemin. Il inspectait la viande, le poisson, les légumes, et il faisait jeter tout ce qui était gâté.

Il examina aussi les balances des marchands, et il en surprit un qui se servait de faux poids :

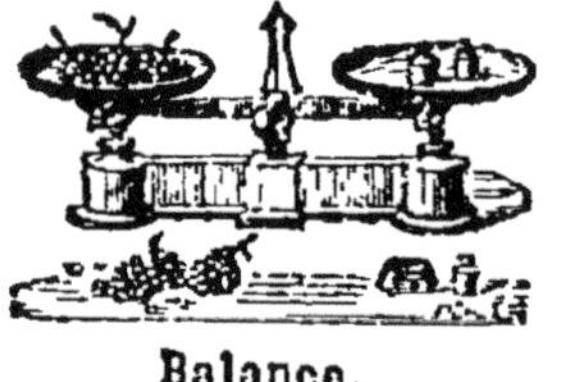

Balance.

— Tu vois, dit alors le commissaire à Tony qui s'en allait, tous ceux qui fraudent sont punis, ils paient des amendes et parfois sont mis en prison ; car la loi est sévère, la loi est inflexible.

Et Tony pensait en lui-même, tout en rapportant le bon lait à sa petite sœur malade : — La loi est bien sage de punir les fraudeurs.

**Exercices.** — Qui vous donne le *lait* que vous buvez chaque matin? — Les vaches sont-elles bien utiles? — Que fait-on avec le lait? — Qui nous vend le lait? — Qui *vérifie* le lait pour savoir si les laitières n'y ont point ajouté de l'eau? — Les *fraudeurs* sont-ils punis? — Quand on mange de la viande gâtée, du poisson ou des légumes gâtés, ne s'expose-t-on pas à être malade? — Le lieu où se tient le marché doit-il être tenu proprement?... Oui, certes, et les agents y veillent. — Avec quoi mesure-t-on le lait que vous achetez et aussi le vin, l'huile? — Ces *mesures* s'appellent des mesures *de capacité*. Regardez l'image de votre livre et essayez de lire le nom des mesures.

Avec quoi mesure-t-on le pain, la viande, le sucre? — Pour *peser* les choses, savez-vous comment on fait?... On met dans un des plateaux de la balance la marchandise que l'on veut peser (du raisin, par exemple, comme dans l'image de votre livre), puis on met des poids dans l'autre plateau, jusqu'à ce que le plateau où est le raisin et celui où sont les poids soient bien à la même hauteur. On a alors le poids *juste*. Si le plateau où est le raisin s'abaisse plus bas que les poids, c'est que la marchande a mis *bonne mesure*. — Regardez l'image où sont les poids. Il y en a de gros et de petits; les gros servent à peser les choses lourdes, les petits à peser les choses légères. — Savez-vous ce que pèse un *centime?...* Juste un *gramme*. Et un sou?... et deux sous? — Pour peser une lettre on peut se servir de pièces de monnaie. — Combien pèse une lettre qui a le poids de 25 centimes? — Je vais encore vous apprendre une chose. Savez-vous qui profite des *amendes* que paient les fraudeurs?... Ce sont les hôpitaux. Avec l'argent qu'on prend aux fraudeurs, on soigne les malades et les infirmes. N'est-ce pas très juste?

---

**(Morale)**

## 18. DEVOIRS DE CHARITÉ
## HISTOIRE D'UN ENFANT BOITEUX

### I. Le moyen de se faire aimer

Jules était venu au monde avec une jambe plus courte que l'autre. Il boitait très bas et, de plus, il louchait, ce qui enlaidissait beaucoup le pauvre enfant.

Mais Jules était bon, ce qui vaut mieux que d'être beau.

— Oh! disait-il un jour à sa mère, je voudrais devenir si parfait que tout le monde m'aimât malgré ma laideur. Dis-moi, que faut-il faire pour cela?

Sa mère lui répondit : — Il faut pardonner aux autres leurs défauts et faire à tout le monde ce que tu voudrais que chacun fît pour toi.

— J'essaierai, dit Jules; et il s'en alla à l'école, songeant aux paroles de sa mère.

### II. — Ne vous moquez pas d'autrui

Jules s'était arrêté à côté d'une haie pour rattacher son carton d'écolier. Il entendit, sans être vu, son camarade Pierre qui parlait de lui de l'autre côté de la haie, et qui en disait beaucoup de mal.

En même temps, Pierre se mit à

contrefaire la marche de Jules, et, avec mille grimaces, il s'efforçait de loucher comme lui.

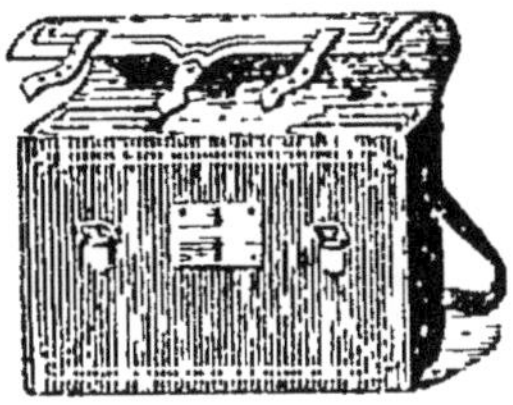

Carton d'écolier.

Les autres enfants trouvaient bien que Pierre avait un mauvais cœur; néanmoins ils ne se retenaient pas de rire, tant il était drôle.

S'ils avaient pu voir derrière la haie le visage attristé du pauvre Jules, et les grosses larmes qui coulaient silencieuses sur ses joues, ils eussent compris combien il est mal de se moquer des maux d'autrui.

Mais Jules resta immobile, et la troupe étourdie s'en alla sans se douter de sa présence.

Celui qui se moque des infirmités d'autrui a lui-même une infirmité bien plus grande encore : il a un mauvais cœur. Il ne connaît pas la *charité*, la *fraternité*.

### III. — Rendons le bien pour le mal.

Lorsque Jules vit ses camarades assez loin, il se remit en route ; car l'heure de la classe approchait et il n'avait que le temps d'arriver.

A ce moment, une feuille de papier soulevée par le vent vint tomber à ses pieds. Il se baissa et il reconnut que c'était le devoir de Pierre. Sans doute ce devoir avait glissé du carton, lorsque Pierre l'avait posé à terre pour contrefaire la marche boiteuse de son camarade.

Au moment où Jules allait relever la copie, un nouveau coup de vent l'emporta.

— Pierre sera puni, pensa Jules, car il va arriver sans son devoir.

Et malgré lui, Jules se dit :

— Ce sera bien fait, Pierre est un méchant.

Mais aussitôt il se souvint des paroles de sa mère : — Pardonne aux autres leurs défauts et fais-leur tout le bien que tu voudrais qu'ils te fissent.

Sans hésiter, Jules, malgré sa jambe boiteuse, se mit à courir après la copie de Pierre.

Le vent était vif, le papier léger. Jules courut beaucoup ; il arriva tout en sueur à l'école ; mais il avait avec lui le précieux devoir.

Il le tendit à Pierre sans rien dire, tout essoufflé qu'il était d'avoir couru.

— Où l'as-tu trouvé ? demanda Pierre.

— Là-bas, derrière la haie où tu parlais de moi tout à l'heure, dit Jules avec douceur.

Pierre regardait Jules ; il comprit sa générosité et il en fut ému : — Pardonne-moi, lui dit-il.

Et pris à son tour d'une pensée généreuse, il voulut réparer ses torts.

Il appela les camarades avec lesquels il s'était moqué de Jules et il leur raconta comment Jules s'était vengé.

Tous voulurent serrer la main de Jules, et tous devinrent ses amis à partir de ce jour.

**Exercices.** — I. Combien avez-vous de *jambes?* — Combien avez-vous de *doigts* à chacun de vos *pieds?* — A quoi vous servent vos jambes? — Et ceux qui en ont de mauvaises, ceux qui *boitent*, sont-ils à plaindre? — Quel est le moyen de se faire aimer de tout le monde?... N'est-ce pas de faire à autrui tout le bien que nous voudrions qu'on nous fit à nous-même? Retenez bien cette maxime, c'est celle des devoirs de *charité*. — Vous souvenez-vous de l'autre maxime sur les devoirs de *justice :* Ne jamais faire... — Qu'est-ce qui vaut mieux que d'*être beau?* — Expliquez les mots : *loucher*, *parfait*. — II. Est-ce avoir un bon cœur que de se moquer des *infirmes?* — Avoir un *mauvais cœur*, n'est-ce pas une infirmité plus grande que de boiter, ou de loucher, ou d'être contrefait?... Oui, seulement le malheureux qui boite ne peut guérir sa jambe, tandis qu'avec de la réflexion on peut se corriger de la méchante habitude de la moquerie. — Expliquez les mots *contrefaire autrui*. — Regardez la gravure : que représente-t-elle? — Énumérez les objets contenus dans votre *carton d'écolier*. — III. Faut-il rendre le *mal pour le mal?* — La *vengeance* est-elle une bonne action? — Comment le petit Jules se vengea-t-il de Pierre? — Auriez-vous voulu avoir Jules pour ami? — Qu'est-ce que la *générosité?* — Celui qui fait du bien à tous, même à ses ennemis, est-il *généreux?* — Et celui qui répare ses torts? Il est... *juste*.

---

(Instruction civique)

## DIX-HUITIÈME LEÇON DE CHOSES

### LE CONSEIL MUNICIPAL. — LA FONTAINE DE LA COMMUNE

Le petit Émile allait chercher de l'eau tous les jours pour sa mère.

Il fallait aller très loin, car il n'y avait point de fontaine dans le village.

Au retour, la cruche pleine d'eau semblait bien lourde à Émile. Il la posait souvent par terre, pour se reposer le long de la route.

La fontaine.

Un jour, comme il passait devant la mairie avec sa cruche pesante à la main, il rencontra M. le maire qui lui dit :

— Prends patience, petit Émile; bientôt tu n'iras plus aussi loin chercher de l'eau. Nous aurons des fontaines dans le village.

Le conseil municipal.

Émile était bien content :

— Oh! merci, monsieur le

maire, dit-il, vous êtes bien bon de nous faire faire des fontaines.

— Petit Émile, dit M. le maire, ce n'est pas à moi seul que tu les devras. Le maire ne peut rien sans le *conseil municipal*. Le conseil municipal est formé des principaux habitants du village qui ont la confiance des autres et ont été nommés par eux.

« Chaque année, le conseil décide les dépenses qu'il est bon de faire pour les chemins et les rues du village, pour l'éclairage, les fontaines et l'école, et alors le maire les fait exécuter. »

Émile avait écouté avec attention M. le maire. Il le remercia, le salua poliment et retourna chez lui, tout joyeux de penser qu'il y aurait bientôt une belle fontaine sur la place du village.

**Exercices.** — Est-ce une chose bien utile que *l'eau?* — Si nous n'avions pas d'eau pour *boire*, pour *laver* nos vêtements et notre corps, pour *faire cuire* nos aliments, ne serions-nous pas bien à plaindre? — Dans les pays où l'eau manque, comment fait-on?... On en fait venir de très loin en la faisant couler dans des *canaux* et dans des *tuyaux* qui coûtent très cher. — Avec quoi va-t-on chercher l'eau à la fontaine? — En quoi sont faites les *cruches?*... On les fait avec de la *terre argileuse* ou *terre glaise* pétrie et séchée au four. Une des terres les plus fréquemment employées est le *grès*. — S'il y a une petite fêlure à la cruche, qu'arrive-t-il? — Si vous mettiez l'eau dans un *sac*, qu'arriverait-il? — Et si vous vouliez la prendre avec vos doigts? — Savez-vous comment on appelle les *matières* qui coulent ainsi. Ce sont des... *liquides*. — Et les matières dures, votre toupie par exemple ou vos billes, s'échappent-elles à travers votre poche? pouvez-vous les tenir dans votre main?... Ce sont des *matières... solides*. — Nommez-moi des matières qui, comme l'eau, sont liquides. — Nommez-moi des *matières solides*. — Qui est-ce qui décide de faire des fontaines dans les villes et les villages, de faire des chemins, des écoles? — Où prend-on les hommes qui forment le *conseil municipal?* — Quels sont ceux qui nomment les *conseillers municipaux?* — Qui sont ceux qui nomment le *maire?* — Devinez-vous ce qu'on appelle la *municipalité* d'un endroit?... C'est le conseil municipal et le maire. — Regardez la gravure. Elle représente les conseillers municipaux rassemblés dans une salle de la mairie. Le maire est assis au milieu. — Il y a de même un *conseil général*, présidé par le *préfet*, qui s'occupe des affaires de tout le département.

## 19. LE CHEVAL

### NE MALTRAITEZ PAS LES ANIMAUX

La loi dé fend de mal trai ter les a ni maux.

Quand on trai te les a ni maux a vec affec tion et dou ceur, ils devien nent pour nous des a mis, sou vent, ils nous ren dent, et au de là, le bien que nous leur avons fait.

Le cheval avec son cavalier.

É cou tez une his toi re.

C'é tait à la fin d'une ba tail le.

Un cavalier qui était monté sur un beau cheval noir, reçut tout d'un coup une balle, perdit connaissance et tomba sur le sol.

Il se trouvait dans un sentier écarté. La nuit tombait ; personne, ni ami ni ennemi, ne devait plus passer par là.

Dans la chute, le pied droit du cavalier était resté à l'étrier.

Il n'était pas mort, mais un seul mouvement de son cheval eût pu lui briser la tête contre les pierres du chemin.

Le cheval tourna doucement le cou vers son maître, le flaira, le lécha, et voyant qu'il ne remuait pas, il resta immobile lui-même, debout dans la plaine déserte.

Ce fut seulement au bout de six heures qu'on put venir secourir le blessé. Le cheval n'avait pas fait un mouvement pendant tout ce temps.

**Exercices.** — Doit-on traiter les *animaux* avec *douceur*, et pourquoi ? — Citez les principaux *animaux domestiques* dont on peut dire qu'ils sont les *amis* *de l'homme.* — Le cheval est-il un animal *utile?* — Quels sont les divers *services* qu'il rend à l'homme? — Qu'appelle-t-on *cheval de labour?* — *cheval de trait?* — *cheval de course?* — *cheval de bataille?* — Comment appelle-t-on celui qui monte un cheval? — Comment s'appellent les longs crins qui flottent sur le cou du cheval?... Sa *crinière*. — Et la corne dure qu'il a sous les pieds?... Ses *sabots.* — Que cloue-t-on sur cette corne pour l'empêcher de s'user par la marche?... Des *fers.* Cela s'appelle... *ferrer* le cheval. — Et ceux qui ferrent les chevaux, comment les appelle-t-on? — Avez-vous vu des *cavaliers?*... Regardez la gravure de votre livre. — *Cavalier* a la même origine que le mot *cavale.* — Savez-vous le sens du mot *cavale?*... C'est une jument bien dressée pour la course ou la guerre. — Citez un substantif formé du mot *cavalier*... La... *cavalerie.* — Qu'est-ce que l'*étrier?* — Qu'est-ce que les *rênes?* — Expliquez les mots *rendre au delà, perdre connaissance, flairer, plaine.*

---

**(Instruction civique)**

## DIX-NEUVIÈME LEÇON DE CHOSES

### LE GARDIEN DE LA PAIX

I. Le petit Alphonse, qui était venu pour la première fois à Paris, se promenait avec sa mère sur les boulevards de la grande ville.

Un boulevard de Paris.

Là, il passe tant de monde, tant de gens affairés, tant de voitures emportées au galop, que la mère d'Alphonse lui avait dit ;

— « Ne me quitte pas, car tu te perdrais. »

Et sagement il la suivait pas à pas.

Mais voici qu'Alphonse aperçut tout à coup une belle boutique de jouets d'enfants, qui brillaient à la lumière du gaz. Il y avait des polichinelles, des tambours, des images de toute couleur.

Oubliant ce que lui avait dit sa mère, Alphonse la quitta sans qu'elle s'en aperçût et courut vers la belle boutique.

Il s'arrêta. Il ne pensait plus à rien qu'à regarder toutes ces jolies choses.

Après un instant l'idée de rejoindre sa mère lui vint. Il la chercha des yeux, mais il ne la vit plus.

II. Des gens inconnus passaient en foule autour d'Alphonse. Le vent agitait dans la nuit les arbres du boulevard.

Alphonse, pris d'épouvante, se mit à courir; mais, dans son trouble, il courait juste à l'opposé de l'endroit où il avait quitté sa mère, et il s'éloignait d'elle davantage.

Alors, se croyant perdu, il se mit à fondre en larmes ; mais personne ne faisait attention à lui, lorsque, au coin d'une rue, un gardien de la paix se retourna en l'entendant sangloter.

Le gardien le prit doucement par la main, lui demanda ce qu'il avait : — « Ne pleure pas, petit, lui dit-il ; je vais te faire retrouver ta mère. »

Le gardien de la paix.

Le gardien était très grand ; il se plaça sous un bec de gaz, prit

Alphonse et le mit sur ses épaules. La tête d'Alphonse dominait toute la foule; bientôt ses yeux perçants découvrirent sa mère, qui le cherchait avec inquiétude.

L'enfant agita ses bras en l'appelant; sa mère l'aperçut à son tour.

Alphonse radieux lui promit bien de ne plus lui désobéir.

Tous deux remercièrent le brave gardien de la paix, dont l'obligeance les avait tirés d'embarras.

Et Alphonse, réfléchissant, se dit à lui-même : — « Combien on est heureux de trouver dans les grandes villes ces hommes qui sont toujours prêts à secourir les honnêtes gens, comme à arrêter les méchants et les vagabonds! »

**Exercices.** I. Que savez-vous sur *Paris?* — Vous rappelez-vous la leçon sur Paris que vous avez lue? — Qu'est-ce qu'un *boulevard?...* Regardez la gravure de votre livre, et voyez cette *large rue plantée d'arbres;* c'est un boulevard. — Passe-t-il beaucoup de monde sur les boulevards de Paris? — Que veut dire le mot *affairé?* — Avec quoi les rues de Paris sont-elles *éclairées?* — Avez-vous vu des becs de *gaz?* — Le gaz est-il un objet *solide?* — Est-il un objet *liquide?...* C'est un objet... *gazeux*, comme l'air. — Avec quoi gonfle-t-on les *ballons?...* Avec du *gaz.* — Les enfants doivent-ils suivre attentivement leurs parents dans les rues et boulevards de Paris? — Risquent-ils de se perdre dans la grande ville? — II. Que signifie le mot *épouvante?* — Citez des mots ayant à peu près le même sens (*crainte, terreur, effroi*). — Expliquez les mots *fondre en larmes*. — Avez-vous vu des *gardiens de la paix?*.. Regardez l'image de votre livre. — Pourriez-vous me dire comment les gardiens de la paix sont habillés? — Que portent-ils au côté?... Un... *sabre*. A quoi leur sert ce sabre? — Quels sont les services que rendent les gardiens de la paix, et comprenez-vous pourquoi on les a appelés ainsi? — Qui surveille les rues pendant le jour ou pendant la nuit? Qui arrête les *voleurs*, ou ceux qui veulent *tuer* quelqu'un, ou les *ivrognes*, ou ceux qui font du *tapage?* — Les gardiens de la paix ont donné des exemples nombreux de dévouement, tantôt pour arrêter des *chevaux emportés* qui allaient écraser quelqu'un, tantôt pour lutter avec des *chiens enragés*, tantôt pour s'emparer d'assassins qui se défendaient les armes à la main. — Quand on ne sait pas son *chemin* à Paris, ou qu'on ignore *où se trouve une rue*, savez-vous à qui on demande des renseignements?... C'est aux *gardiens de la paix*, qui vous les donnent toujours avec complaisance. — Expliquez les mots *yeux perçants*, *radieux* (*rayonnant*). — Qu'est-ce qu'un *vagabond?* — N'y a-t-il pas des enfants qui méritent ce nom, quand ils vont et viennent sans guide, au hasard, par les villes et par les champs? — Arrête-t-on les vagabonds? — Les conduit-on en prison?

---

**(Morale)**

## 20. LE COUTEAU DE LOUIS

Louis s'était beaucoup appliqué à l'école.

Pour le récompenser, sa mère lui donna un joli couteau tout neuf.

Dans la joie de posséder ce couteau, il cherchait mille occasions de s'en servir, même les plus mauvaises.

Sa mère le surprit au moment où il se préparait à faire des entailles au tronc d'un bel arbre qui ornait la place du village.

— Quoi! dit-elle, ton couteau te

servirait à faire mourir ces beaux arbres qui donnent leur ombre à tous !

Et, mécontente, elle prit le couteau, le serra dans l'armoire, puis ajouta sévèrement :

— Puisque tu l'emploies à mal faire, je te le retire.

Le petit garçon était bien désolé. Pour faire oublier sa faute, il s'appliqua tant à l'école qu'il fut de nouveau premier et il supplia sa mère de lui rendre son couteau.

En le lui rendant, sa mère, qui voulait le corriger de son étourderie, lui dit :

— Avant de ramasser dans ta poche ton joli petit couteau, écoute son histoire : elle est touchante, et elle t'enseignera à ne faire qu'un bon usage des objets utiles que tu possèdes.

**Exercices.** — Comment appelle-t-on les *arbres* qui portent des *fruits* bons à manger? — Citez des *arbres fruitiers?* — Le groseiller, est-ce un arbre?... C'est un tout petit arbre : un *arbrisseau*, un *arbuste*. — A quoi servent, parmi les grands arbres, ceux dont les fruits ne sont pas bons à manger? — Avec quoi la *table* sur laquelle vous écrivez est-elle faite? — Citez-moi un grand nombre d'objets en *bois?* — En hiver, que mettrons-nous dans la cheminée pour nous *chauffer?* — Le bois qui sert à chauffer s'appelle *bois de... chauffage*. — En été, quand il fera très chaud, où nous assiérons-nous pendant la promenade pour nous garantir de l'ardeur du soleil et trouver de l'*ombrage?* — Voyez combien les arbres sont utiles! — Savez-vous s'ils poussent vite?... Non, les arbres *croissent lentement*, et lorsque nous en détruisons un, il faut bien des années pour que le jeune arbre planté à sa place devienne comme l'ancien. — Les arbres vivent-ils *vieux?*... Oui, certes, un *chêne* de cent ans, par exemple, est encore jeune : il y en a en Europe qui ont jusqu'à mille ans, douze cents et même quinze cents ans d'existence. On cite d'autres arbres qui ont le double de cet âge. — Qu'est-ce que le *tronc* d'un arbre? — Et les *branches?* — Qu'y a-t-il sur les branches? — Qu'est-ce que les *racines* d'un arbre? — Où plongent les racines? — Qu'est-ce que les racines de l'arbre puisent dans la terre? — Qu'appelle-t-on *sève?* — Expliquez le mot *entaille*. — Ceux qui font *périr les arbres* ou qui leur causent du dommage sont-ils *punis par la loi?* — Cette punition est-elle juste?

---

**(Économie politique)**

## VINGTIÈME LEÇON DE CHOSES

### HISTOIRE D'UN PETIT COUTEAU

— Pour faire ce petit couteau de cinquante centimes, sais-tu, mon enfant, combien d'hommes ont dû se donner de la peine?

Regarde cette petite lame brillante : c'était un simple morceau de fer. Le fer ne se trouve que dans l'intérieur de la terre.

Mine de fer.

Pour l'aller chercher, il a fallu creuser des puits profonds appelés *mines*, et chaque jour des hommes, de jeunes enfants de ton âge descendent au fond de ces puits.

Là, perdus sous la terre, comme dans une tombe, ils travaillent sans voir le soleil, sans entendre le chant des oiseaux; mais ils travaillent avec courage, car ils savent combien ils sont utiles aux autres hommes, leurs frères.

Le fer une fois sorti de la mine, d'autres travailleurs le prennent pour le purifier et le façonner : dans la forge en feu ils l'assouplissent.

Coutellerie.

La forge rouge est d'une chaleur étouffante ; mais le forgeron courageux ne s'arrête pas. Il sait combien son travail est utile aux autres hommes, ses frères.

Quand le fer est forgé, le coutelier le travaille et en fait des *lames* brillantes. Il y met des *manches* que d'autres hommes ont taillés à l'avance.

Et tous ces hommes, depuis le mineur jusqu'au coutelier, se sont réjouis à la pensée que leur travail rendrait service aux autres hommes.

O mon enfant, quand tu tiens entre tes mains un objet utile, songe qu'il a coûté bien des fatigues à des hommes que tu ne connais pas, mais qui pourtant sont tes frères. A ton tour, fais un usage utile des choses précieuses que tu possèdes.

**Exercices.** — Où trouve-t-on le *fer?* — Comment s'appelle le lieu où l'on descend sous la terre pour chercher le fer?... Regardez la première gravure. — Et les hommes qui travaillent dans les *mines*, comment les appelle-t-on?... Voyez, dans la gravure, les hommes qui montent le long des échelles. — Est-ce un dur métier que celui de *mineur?* — Comment assouplit-on et purifie-t-on le fer?... N'est-ce pas au moyen du feu? — Avez-vous vu dans une *forge* le forgeron frapper à grands coups sur le fer rouge, pour lui faire prendre la forme qu'il veut?... Regardez la seconde gravure, et remarquez-y l'*enclume* sur laquelle on bat le fer. — Comment s'appellent les hommes *qui* *font les couteaux ?* — Aviez-vous songé combien il fallait de travail pour vous donner un simple petit couteau ? — S'il n'y avait que des paresseux en ce monde, voyez combien vous seriez à plaindre ? — Devez-vous aimer les hommes laborieux, qui travaillent ainsi à faire tous les objets dont vous vous servez ? — Quel usage devez-vous faire des choses que vous possédez ?... Un *usage utile.* Celui qui détruit les choses utiles fait tort à autrui. — La *science du travail* et *des richesses* qu'il produit se nomme... l'*économie politique.* Vous l'étudierez plus tard.

---

**(Morale)**

## 21. LE NID DE CHARDONNERET

### FABLE

Il y avait au plus haut d'un grand arbre un nid plein de chardonnerets. En face, le père et la mère volaient, décrivant de grands cercles dans l'air bleu :

— Venez, petits paresseux, disaient-ils, venez donc. Vos ailes sont maintenant assez fortes. Il est temps d'apprendre à trouver votre nourriture et à travailler.

Le nid.

Mais, au moment de prendre leur élan, la peur retenait les petits chardonnerets.

Les parents se fâchèrent alors et leur dirent : — Nous ne vous apporterons plus de nourriture. Qui ne veut pas travailler ne mérite pas de manger !

Les petits chardonnerets, restés seuls, finirent par avoir grand'faim.

Ils appelaient bien haut leur mère, en disant : Cuic, cuic !

Enfin le père et la mère passèrent devant le nid.

Ils firent voir qu'ils avaient de bonnes becquées toutes prêtes, puis ils s'établirent sur un arbre en face, faisant signe aux enfants de venir.

L'un d'eux, plus courageux, se percha sur le bord du nid, ouvrit les ailes, les referma, les rouvrit... Enfin le voilà qui s'envole !

Les autres volèrent à leur tour, et virent que ce n'était pas aussi difficile qu'ils le croyaient.

Les parents leur apprirent ensuite à trouver les graines et les insectes dont se nourrissent les chardonnerets.

Bientôt ils devinrent agiles comme père et mère.

Et cela leur parut si agréable qu'ils remercièrent leurs parents de leur sévérité.

— Mes enfants, dit la mère, les commencements du travail sont toujours pénibles; mais, avec de la persévérance, le travail devient aussi facile qu'agréable.

**Exercices.** — De quoi vivent les *oiseaux?*... N'est-ce pas de *graines*, de petits *vers*, *d'insectes* et de *chenilles?* — Avez-vous idée combien, par exemple, une petite *mésange* et sa famille dévorent d'insectes en un an?.. on a calculé qu'il lui en faut plus de trois cent mille! Un enfant qui détruit une petite mesange laisse ainsi trois cent mille insectes dévorer les arbres fruitiers dans une seule année! — Et les *chardonnerets*, de quoi se nourrissent-ils? — Est-il permis aux enfants de *dénicher les nids*, de *détruire les oiseaux?* — Expliquez les mots : *décrire des cercles*. — Avec quel instrument trace-t-on des cercles sur le papier?... Avec un *compas*. — Comment appelez-vous le récit que vous venez de lire? — Pourquoi est-ce une *fable?* — Les chardonnerets parlent-ils? — Vous rappelez-vous ce que c'est que la *persévérance?* — Quand on a le courage de vaincre les premières difficultés du travail, qu'arrive-t-il?... Travaillez, et vous finirez par trouver le travail agréable.

---

**(Instruction civique)**

## VINGT ET UNIÈME LEÇON DE CHOSES

### LE GOUVERNEMENT DE LA FRANCE

Un jour, dans une rue de Paris, Edouard s'exerçait à lire sur un drapeau deux lettres dorées: « R. F. »

— Qu'est-ce que cela veut dire, mon père ?

— Ce sont les deux premières lettres des mots : « République française. » Tu sais bien que le gouvernement de la France est une république.

Le drapeau français.

— Mais, qu'est-ce donc qu'une république ?

— Dans une république, mon enfant, le pays n'a ni roi, ni empereur, ni maître d'aucune sorte qui lui impose ses volontés : il choisit lui-même ses chefs.

Quand tu seras grand, tu aideras, toi aussi, à nommer les *députés* et les *sénateurs*, qui gouvernent la France avec le *président de la République*.

Instruis-toi, mon enfant, afin de pouvoir plus tard bien servir ton pays.

**Exercices.** — Quelles sont les couleurs du *drapeau* de la France ? — Où place-t-on le drapeau de la France ?... L'avez-vous vu flotter, les jours de fête, sur tous les *édifices publics ?* — Y a-t-il des hommes qui *portent le drapeau* de la France ? où se trouvent-ils ?... Avez-vous vu passer des bataillons ayant à leur tête le *porte-drapeau ?* — Doit-on abandonner son drapeau à l'ennemi dans la bataille ? — Doit-on essayer, au contraire, de prendre à l'ennemi ses drapeaux ? — Qu'est-ce que les drapeaux servent à nous rappeler ?... N'est-ce pas notre Patrie et la fidélité que nous lui devons ? — Quel est le *gouvernement* de la France ? — Quand dit-on qu'un pays est en *république ?* — Savez-vous comment on appelle ceux qui *font les lois ?*... Ce sont les *députés* et les *sénateurs*. — Qui est-ce qui les choisit ?... Tous les Français âgés d'au moins vingt et un ans. — Calculez, d'après votre âge, dans combien de temps vous pourrez, vous aussi, choisir les députés. — Qu'est-ce que le *président de la République ?*... C'est le chef du gouvernement. Il est choisi pour sept ans par les sénateurs et les députés. Il est à la tête de la France comme le *maire* est à la tête de la *commune*, et le *préfet* à la tête du *département*.

---

(Morale)

## 22. L'AMOUR FILIAL

Au lieu d'une fable, comme celle des chardonnerets, je vais aujourd'hui vous raconter une histoire. Elle est intéressante : écoutez bien.

I. Jacques habitait avec sa mère, qui était veuve, une maison fort éloignée du bourg.

Un jour, sa mère fit une chute très dangereuse.

— Va, mon enfant, dit-elle, va vite au bourg chercher le médecin. Je me sens si malade qu'il n'y a pas une minute à perdre.

Jacques partit en courant, et Sultan, le robuste chien de la ferme, l'ami de Jacques, le suivit aussitôt.

Mais, à moitié chemin, se trouvait un torrent à traverser. Comme il n'y avait pas de pont, on passait d'ordinaire le torrent en sautant de pierre en pierre.

Passage d'un gué.

Ce jour-là, le torrent, grossi par les pluies, roulait en grondant et recouvrait toutes les pierres.

Jacques avait très grand peur; cependant, il n'hésita pas. Il releva résolument son pantalon et entra dans l'eau.

Sultan suivit Jacques.

L'eau était profonde. L'enfant sentit bientôt qu'il allait perdre pied et que, quoiqu'il sût un peu nager, le courant pourrait l'entraîner malgré lui.

Cependant, Jacques songeait à sa mère, et il ne pouvait se décider à revenir.

II. A ce moment Jacques regarda Sultan qui, lui, nageait à merveille. Le chien avait déjà presque traversé l'eau et il jappait de plaisir, comme pour encourager son jeune maître à le suivre.

Passage d'un torrent à la nage.

Une idée lumineuse vint alors à l'enfant : il rappela le chien, qui se retourna docilement vers Jacques.

Jacques aussitôt le saisit en arrière par ses longs poils, et il l'excita de la voix à traverser de nouveau.

Le bon Sultan repartit sans broncher, et Jacques, s'appuyant d'une main sur le chien tout en nageant de l'autre, put ainsi traverser l'eau.

Tous deux alors reprirent leur course. En un clin d'œil ils furent au bourg.

Le médecin monta à cheval rapidement et prit Jacques en croupe.

Quand ils arrivèrent, ils trouvèrent la mère de Jacques sans connaissance sur son lit. Elle était en danger de mort.

Le médecin passa toute la nuit près d'elle. Il put la sauver et le lendemain il dit à Jacques :

— Brave enfant, c'est à ton courage que ta mère devra la vie ! Si j'étais arrivé auprès d'elle une heure plus tard, mes soins eussent été inutiles !

**Exercices.** — Qu'est-ce qu'un *[illegible]* ou une *[illegible]*? — Savez-vous ce que c'est qu'un *torrent*? — Comment appelle-t-on les endroits où l'eau est assez peu profonde pour permettre de la traverser à pied?... Un *gué*. Regardez la première gravure de la leçon. — Quand l'eau est trop profonde pour qu'on puisse la traverser en marchant et qu'il n'y a point de pont, comment peut-on passer? Regardez la seconde gravure. — Savez-vous *nager*? Est-il utile d'apprendre à nager? — Les *animaux* savent-ils nager? Les chiens nagent-ils bien? Les chevaux nagent-ils aussi? — Expliquez les mots *[illegible]*, *[illegible]*, *prendre quelqu'un en croupe*, *sans connaissance*. — Y a-t-il des *maladies* qui peuvent être mortelles si l'on n'y porte remède tout de suite?... Oui. Les attaques *d'apoplexie*, par exemple, où le sang se porte tout à coup à la tête et vous fait tomber inanimé. C'est ce qu'on appelle encore un *coup de sang*. — Si vous étiez chargé d'aller *chercher un médecin* dans un cas grave, devriez-vous vous amuser en chemin, vous arrêter pour bavarder? — Si Jacques n'avait pas eu le courage de traverser le torrent, que serait-il arrivé? — Comment appelez-vous les actions courageuses dans lesquelles on s'expose pour sauver la vie des autres?... Des *dévouements*. — Et quand on s'expose sans nécessité pour s'amuser, comment appelez-vous ces actions?... Des... *imprudences*. Nous l'avons déjà dit. — Les imprudents sont-ils coupables? — Les cœurs dévoués sont-ils admirés? — Soyez toujours *dévoués*, ne soyez jamais *imprudents*.

---

**(Instruction civique)**

## VINGT-DEUXIÈME LEÇON DE CHOSES

### LES PONTS. — L'INGÉNIEUR

Enfants, vous avez traversé plus d'une fois la rivière voisine en passant sur le pont.

Avez-vous jamais regardé les grandes piles qui plongent dans l'eau et les belles arches recourbées en forme d'arcs?

Un pont en pierre.

Combien il faut qu'un pont soit bâti avec soin, pour supporter le poids des voitures et parfois des régiments entiers qui le traversent !

Il y a aussi des ponts qu'on appelle *viaducs*, sur lesquels passe le chemin de fer.

Un viaduc.

C'est le gouvernement de la France qui fait construire les ponts, pour que tous les habitants puissent aller aisément d'une rive à l'autre.

La construction des ponts et des routes est dirigée par des hommes savants, qu'on appelle ingénieurs des ponts et chaussées.

Un pont en fer.

**Exercices.** — Qu'appelle-t-on les *piles* d'un pont?... les *arches*?... Regardez la première gravure. — Si les ponts n'étaient pas *solides*, qu'arriverait-il? — Comment appelle-t-on les ponts sur lesquels passent les chemins de fer? Avez-vous vu des *viaducs*?... Regardez la seconde gravure. — En quoi sont faits les ponts? .. En *pierres* solides, en *bois* ou en *fer*... Regardez la troisième gravure. — Vous souvenez-vous d'où l'on tire le *fer*? — Qui nous donne le *bois*? — Et les *pierres*, où se trouvent-elles? — N'y a-t-il pas des montagnes où les pierres abondent? — Savez-vous comment on arrive à fendre les gros blocs de pierre?... C'est avec la *poudre*. On met de la poudre au milieu du roc dans un trou; on allume la poudre et le roc saute en l'air. — Qui ordonne de faire construire des ponts solides et de bonnes routes? — Quels hommes le *gouvernement* charge-t-il des travaux pour les ponts et les routes ? — Qu'appelle-t-on *chaussées ?*... C'est la partie élevée et bombée des routes, où passent les voitures. Etc.

---

(Morale)

# 23. IL FAUT S'AIMER & S'ENTR'AIDER

## JACQUES ET SES CAMARADES

### I. — Le devoir avant le jeu.

Le petit Jacques revenait de faire des commissions pour sa mère, qui était veuve, malade et pauvre.

Jacques était bien chargé ; de sa main droite il portait un pot rempli de lait, et à son bras gauche un panier, où il y avait un gros pain, des œufs et de la salade.

Le moulin.

Tout cela était lourd ; mais Jacques était courageux, il aimait sa mère et il était fier de lui être utile.

En passant près du moulin du village, il s'entendit appeler par son nom, il leva la tète et aperçut ses camarades en train de jouer aux billes : c'était une belle partie.

— Viens donc, Jacques, disaient-ils ; viens jouer.

— Non, non, répondit le petit garçon ; ma mère est malade, elle n'a que moi pour la soigner.

Et il continua vivement son chemin sans même retourner la tète.

— Brave petit Jacques! dirent les camarades entre eux. Comme il est sage ! Le devoir passe toujours pour lui avant le jeu.

### II. — Aidons-nous les uns les autres.

Les enfants avaient repris leur partie de billes; tout à coup un cri perçant les fit se retourner.

Des chiens, en se poursuivant, avaient heurté Jacques et l'avaient renversé par terre.

Ses mains et son front écorchés

saignaient ; mais l'enfant n'y songeait pas, il contemplait avec stupeur son pot de lait vide, ses œufs brisés, la salade et le pain dans la poussière ; et de grosses larmes coulaient sur ses joues.

— Ne pleure pas, Jacques, lui dirent ses camarades ; ta mère ne te grondera pas, ce n'est pas ta faute.

— Oh ! reprit Jacques en sanglotant, je voudrais être grondé, je voudrais être puni, et que le lait ne fût pas répandu, et que les œufs ne fussent pas brisés ! Maman est malade, et c'était son dîner !

En voyant le chagrin de leur petit camarade, une pensée généreuse vint à l'esprit des jeunes enfants qui l'entouraient :

— Réparons l'accident arrivé à Jacques, se dirent-ils ; Jacques est le meilleur de nos camarades, aidons-le ! Les bons camarades doivent s'aider entre eux.

III. — Aimons-nous les uns les autres.

Aussitôt la petite troupe est à l'œuvre. L'un des camarades relève la salade et va la laver à la fontaine.

Un autre ôte la poussière qui couvre les habits de Jacques et le sang qui salit son front.

Les plus heureux de la bande, ceux qui avaient quelques sous dans leurs poches, les donnent, et ils courent acheter du lait et d'autres œufs.

En un clin d'œil, le brave petit Jacques a repris d'une main son pot au lait, de l'autre son panier plein de provisions ; ses larmes sont séchées, il sourit à ses bons amis et il leur dit : — Merci !

Et pendant qu'il regagne joyeux la maison de sa mère, Jacques pense avec reconnaissance à ses bons camarades.

— Combien je les aime! se dit-il; comme je serais heureux de rendre à chacun d'eux le bien qu'il vient de me faire !

En même temps ses camarades, plus satisfaits de leur bonne action que de la plus belle partie de billes, s'en retournent gaiement de leur côté.

Enfants, si tous les fils d'une même patrie s'aimaient et se secouraient les uns les autres, il n'y aurait plus de malheureux dans la patrie.

**Exercices.** — I. Vous donne-t-on quelquefois des *commissions* à faire? —Les faites-vous de bonne grâce, rapidement et avec attention? —Qu'est-ce que Jacques portait? — Vous souvenez-vous qui nous donne le *lait?* — Qui nous donne les *œufs?* — Avez-vous vu de petits *poulets?* savez-vous d'où ils sortent? — Vous rappelez-vous avec quoi on fait le *pain?* — Où porte-t-on le blé pour l'écraser et en faire de la *farine?* — Avez-vous vu des *moulins à vent?*... Regardez la gravure. — Comment s'appellent les grosses pierres entre lesquelles on écrase le blé?... Les *meules*. — Et l'homme qui dirige le *moulin*, comment s'appelle-t-il? — Aimez-vous à jouer aux *billes?* — Avez-vous une bille dans votre poche? Regardez-la, et dites quelle est la forme d'une bille... Est-elle *carrée?* — La matière dont votre bille est faite est-elle *liquide* comme l'eau? — Vous souvenez-vous comment on appelle les matières dures qui résistent sous le doigt, comme votre bille? — Nommez des choses rondes et *solides*. — Le lait, est-ce une matière *solide?* — Le *pot* qui contient le lait, savez-vous avec quoi il a été fait?... Avec de la terre pétrie en une pâte dure et cuite au four.

II. Que doivent faire les *bons camarades?* — Etes-vous heureux qu'on vous vienne en aide quand vous en avez besoin? — Que signifie le mot *stupeur?* — Connaissez-vous un autre mot, un adjectif qui ressemble à celui-là? — Quel est le sens de l'adjectif *stupéde?* — Qu'appelle-t-on *salade?*. . Pourriez-vous citer les principales espèces de salade? — Avez-vous mangé de la *laitue?* de la *chicorée?* etc.

III. Qu'est-ce qu'un *sou?* — Combien y a-t-il de *centimes* dans deux sous? — Combien y a-t-il de sous dans un *franc?*... Et de centimes? — Combien une pièce de cinq *francs* vaut-elle de sous? — Le mot *sou* est familier; est-ce par sous qu'on doit compter dans les calculs réguliers?... Non. C'est par *francs* et *centimes*. — Si tous nous nous aidions les uns les autres, y aurait-il autant de *malheureux?* — Sommes-nous heureux quand nous faisons du bien à quelqu'un? — Savez-vous quelle est, en raccourci, l'*image de la patrie?*... C'est l'*école*. Apprenez à l'école à aimer vos camarades et à les aider, afin de savoir plus tard aimer vos *compatriotes* et les secourir.

(Instruction civique)

## VINGT-TROISIÈME LEÇON DE CHOSES

### L'IMPÔT PAYÉ PAR UN ENFANT

I. Le père de Victor avait une belle chienne de garde, qui eut une nichée de jolis petits chiens.

Il y en avait un surtout d'une belle couleur de feu, la tête frisée, les yeux brillants, qui ravissait Victor chaque fois qu'il le caressait.

Chien de garde.

— Oh ! mon père, dit-il un jour, je vous en prie, gardez ce petit chien pour moi. Je l'appellerai *Lion;* je jouerai avec lui et je serai bien content.

Chien de berger.

— Les chiens coûtent à nourrir, dit le père.

— Oh ! répondit Victor, je lui donnerai la moitié du pain de mon goûter.

— Mais, mon enfant, il y a aussi un impôt de dix francs, — dix-sept sous par mois, — qu'il faut payer pour les chiens inutiles; comment les trouveras-tu ?

— Mon père, dit Victor, vous me donnez souvent des sous lorsque je suis premier ; je tâcherai d'être premier bien des fois, et, au lieu d'acheter des friandises, je paierai l'impôt pour mon petit chien.

Chien de chasse.

— Eh bien ! dit le père, je consens à le garder ; je ne regretterai pas sa nourriture s'il peut te faire acquérir l'amour du travail et l'économie.

II. A mesure que *Lion* grandissait, il devenait gai, hardi et faisait mille gambades. Victor courait et jouait avec lui comme avec un camarade. Aussi aimait-il de plus en plus *Lion*.

Malgré son application à l'école, il lui arriva pendant deux semaines de ne plus être le premier.

Victor, désolé, songeait qu'il lui manquerait des sous à la fin du mois.

— Mais aussi, mon père, disait-il, pourquoi fait-on payer des impôts et à quoi cela sert-il ?

— Réfléchis un peu, dit le père, Ne faut-il pas de l'argent pour payer les gendarmes qui nous défendent contre les voleurs? N'en faut-il pas aussi pour nourrir et entretenir les soldats qui défendent la patrie? N'en faut-il pas pour construire des écoles, éclairer les rues, pour faire des routes, des ponts, des fontaines?

Le bureau du percepteur.

— C'est vrai, mon père.

— Mon enfant, avec tes sous et avec les impôts que chacun paie, on fera de beaux et utiles travaux qui profiteront à la France tout entière.

Victor comprit la leçon de son père et, au lieu de se plaindre de payer l'impôt, il ne songea désormais qu'à bien travailler.

**Exercices.** — I. Qu'est-ce que c'est qu'un *chien de garde?* — Regardez la gravure. — Comment appelle-t-on le cri du chien? — Les chiens *aboient-ils* naturellement?... Non, ils ont appris à aboyer en compagnie de l'homme : les chiens sauvages sont comme les loups, ils *hurlent*, mais n'aboient pas. — Les chiens de garde sont-ils *utiles?* Regardez la première gravure. — Avez-vous vu des *chiens de berger?* — Quelle est leur occupation? Regardez la seconde gravure. — Le chien de berger est-il bien utile? — Et le *chien de chasse*, que sait-il faire? Regardez la troisième gravure. — Comment découvre-t-il le gibier?... Il le *sent* comme vous sentez une rose quand vous passez auprès. Il a l'*odorat* très fin. — Le chien de chasse est-il rangé parmi les chiens très utiles?... Non, on l'appelle un chien de *luxe*. — Qu'appelle-t-on choses de *luxe?*... Celles qui sont agréables sans être indispensables. Vos vêtements vous sont indispensables pour vous couvrir : ils sont *utiles;* leurs ornements sont agréables à voir, mais ne rendent pas le vêtement plus utile; ils sont ce qu'on appelle du *luxe*.

II. Les *gendarmes* sont-ils *payés* pour nous défendre contre les voleurs? — Qui les paie?... N'est-ce pas le *gouvernement?* — Qui nourrit nos *soldats*, les habille et leur donne des armes?... Toujours le gouvernement. — Qui paie les *cantonniers* pour soigner les routes?... les *ingénieurs* pour faire les ponts? etc. — Qui apporte au gouvernement tout cet argent?... Ce sont tous les Français au moyen de... l'*impôt*. — Où va-t-on *payer l'impôt?* — Voyez-vous dans l'image de votre livre le petit garçon qui va payer l'impôt chez le *percepteur* pour son chien? — Est-ce juste de payer l'impôt? etc.

---

**(Morale)**

## 24. NOUS DEVONS TOUJOURS DIRE LA VÉRITÉ

I. Deux bandits avaient pillé une ferme le soir, pendant l'absence des maîtres.

Un jeune enfant, employé à la ferme, s'y trouvait seul et dormait profondément.

Soudain il s'éveilla et, en ouvrant les yeux, il aperçut les brigands penchés au-dessus de son lit. Ils se concertaient pour savoir s'il fallait le tuer.

L'enfant, épouvanté, referma les yeux brusquement et fit semblant de dormir avec calme.

Une ferme.

Les voleurs, pensant qu'il ne s'était pas éveillé, ne lui firent aucun mal et s'en allèrent.

Cependant cet instant, qui avait duré à peine quelques secondes, avait suffi à l'enfant pour graver dans sa mémoire les traits des bandits.

II. Le lendemain, le juge vint visiter les lieux. Il interrogea l'enfant.

— Oh! dit celui-ci, je me rappelle si bien le visage des voleurs, que je les reconnaîtrai du premier coup si je les revois.

Et il fit d'eux un portrait très net au juge.

A quelque temps de là, on arrêta plusieurs hommes que l'on soupçonnait, et le juge fit appeler le petit garçon pour voir s'il reconnaîtrait en eux les malfaiteurs.

Comme l'enfant se rendait à la ville, il rencontra dans un chemin désert une vieille femme, qui s'approcha de lui en cachant son visage.

Elle lui dit brusquement : — Le juge va te faire voir plusieurs hommes ; si tu reconnais les coupables, tu seras assommé un jour ou l'autre, je t'en préviens. Si, au contraire, tu veux accuser d'autres qu'eux, tu recevras une grosse somme d'argent.

Puis elle disparut.

III. L'enfant se présenta devant le juge. Il était si tremblant que le juge, voyant son émotion, lui dit :

— Mon enfant, recueillez-vous avant de parler et songez bien à dire toute la vérité, rien que la vérité ; car un mensonge ou une erreur de votre part pourrait causer la perte de deux innocents.

Le petit garçon, en effet, rassembla tout son courage. Il pensa intérieurement : — Si la peur m'empêchait de dire la vérité, et si je faisais condamner des innocents, je serais moi-même un parjure et un malfaiteur.

Alors, s'avançant avec fermeté vis-à-vis des brigands qu'il avait reconnus tout de suite :

— Les voilà ! s'écria-t-il. Voilà les vrais, les seuls coupables.

Puis il retourna tranquillement à sa place, satisfait d'avoir fait son devoir.

Cependant le juge lisait sur le visage de l'enfant les émotions qui l'avaient oppressé. Il l'interrogea de nouveau, et l'enfant lui raconta les menaces de la vieille femme. Le juge rassura l'enfant. Il le fit reconduire par des gendarmes pour le protéger.

Quelques jours après, la vieille femme, à son tour, fut arrêtée. Elle subit la peine qu'elle méritait.

L'enfant courageux, au lieu du mal dont il était menacé, recueillit l'estime de tous pour sa noble sincérité.

**Exercices.** — I. Qu'est-ce qu'une *ferme?* Regardez la gravure de votre livre. — Que veulent dire les mots *piller* une ferme? — Expliquez le mot *bandit.* — Que signifie *se concerter?... Se mettre d'accord, s'entendre* pour faire une chose. Agir *de concert*, c'est agir *d'accord*. Le *concert* de plusieurs personnes, c'est leur *accord*, de même que le concert de plusieurs instruments de musique. Expliquez les mots *graver dans sa mémoire... Inscrire* dans son souvenir, faire effort pour se rappeler. — Qu'appelle-t-on les *traits* du visage? — Qu'est-ce qu'une *seconde?...* Comptez, sans vous presser, *une, deux;* l'intervalle de temps entre *une* et *deux* est une *seconde* ou à peu près. Savez-vous combien il y a de *secondes* dans une *minute?...* Soixante. — Et combien y a-t-il de minutes dans une *heure?* — D'heures dans un *jour?* — De jours dans une *année?* — D'années dans un *siècle?* etc. — II. Devinez pourquoi le juge vient visiter les lieux où un crime a été commis?... C'est pour tâcher d'y découvrir tout ce qui peut aider à retrouver les malfaiteurs. — Qu'est-ce que veulent dire ces mots : « Faire un *portrait* net d'une personne qu'on a vue? » — Essayez de me faire le portrait d'un de vos petits camarades. Dites s'il est grand. De quelle couleur sont ses cheveux?... et ses yeux? Son visage est-il pâle ou vermeil? etc., etc. — Qu'est-ce qu'un chemin *desert?* — Devinez-vous pourquoi la vieille femme cachait son visage pour parler au petit garçon? — III. Que veulent dire les mots : « Recueillez-vous? » ... *Réfléchissez.* — Doit-on *dire la vérité* devant le *juge?* — Est-ce un *mensonge* ordinaire que de mentir à un juge? — Comment appelle-t-on cette sorte de mensonge? — Savez-vous si les *parjures* sont punis par la loi?... Ils sont punis très sévèrement. Comprenez-vous pourquoi? — Si quelqu'un, par un mensonge, vous faisait condamner à mort ou à la prison pour un crime que vous n'auriez pas commis, ne seriez-vous pas bien malheureux ? Que penseriez-vous du méchant qui aurait menti ainsi ? Ne trouveriez-vous pas qu'il mériterait d'être puni ? — Expliquez le mot *oppressé*. — Que savez-vous sur les *gendarmes ?*

---

(Instruction civique)

## VINGT-QUATRIÈME LEÇON DE CHOSES

### LE TRIBUNAL

Savez-vous, enfants, ce qu'on appelle *tribunal ?* C'est l'endroit où l'on juge les malfaiteurs.

Le tribunal.

Le malfaiteur est amené entre deux gendarmes.

Les *juges,* vêtus de longues robes, sont assis en face de lui.

On l'interroge ; on interroge aussi les *témoins* de sa mauvaise action, et chaque témoin, en élevant la main, jure de dire la vérité devant le tribunal.

Le juge.

Les juges écoutent les réponses de l'*accusé* et celles des témoins.

Enfin les juges prononcent la *sentence,* qui condamne ou absout l'accusé. O mes enfants, que nul d'entre vous ne s'expose jamais à être conduit devant le tribunal pour avoir commis une mauvaise action et violé les lois de la Patrie !

**Exercices.** — Qu'appelle-t-on le *tribunal?* Regardez la gravure. — Qu'est-ce qu'un *malfaiteur?* — Qui amène les malfaiteurs devant le tribunal? — Qu'est-ce qu'un *juge?* — Comment sont vêtus les juges? Regardez la seconde image de votre livre. (*Robe, toque, rabat.*) — Qu'appelle-t-on *témoins?*.. Ceux qui ont vu commettre un crime, qui sont appelés pour raconter ce qu'ils ont vu ou entendu. — Que jurent-ils avant de parler? — Savez-vous comment s'appelle celui qui écrit toutes les paroles que prononcent l'accusé et les témoins?... Le *greffier.* — Devinez-vous pourquoi le greffier écrit toutes ces paroles?... C'est dans la crainte qu'un seul mot ne soit oublié. Si vous mentiez devant le juge, votre mensonge serait écrit aussitôt et il vous serait remis sous les yeux, fût-ce dix ans plus tard, si dix ans plus tard on découvrait la vérité. Vous seriez alors condamné pour ce mensonge. — Qu'est-ce que la *sentence* du tribunal? — Expliquez le mot *absoudre.* — Que faut-il faire pour ne jamais s'exposer à être traduit devant le tribunal?... Il faut apprendre de bonne heure à respecter les lois et à ne jamais commettre de mauvaises actions.

---

**(Morale)**

## 25. LA BALLE PERDUE

### RENDONS A CHACUN CE QUI LUI EST DÛ

— Prête-moi ta balle, disait Jules à Léon, son camarade.

— Je le veux bien, dit Léon, la voici ; prends garde de me la perdre.

Jules, ravi, lance la balle de toutes ses forces. Il la reçoit d'abord avec adresse; mais bientôt l'étourdi oublie que la rivière n'est pas loin, et voici la balle emportée par le courant.

Jules désolé fit alors ses excuses à Léon et il se croyait quitte ainsi.

— Mon ami, lui dit Léon, tu m'as perdu ma balle, tu m'en dois une autre : Objet perdu, objet dû.

— Mais je ne l'ai pas fait exprès.

— Certainement, dit Léon; aussi j'attendrai patiemment que tu puisses me rendre une autre balle, et je compte sur ton honnêteté.

Jules comprit que ces paroles étaient justes. Chaque samedi il mit de côté les sous que son père lui donnait quand il avait eu de bonnes notes, et à la longue il acheta une autre balle.

Pendant qu'il la portait à Léon, il la retournait entre ses doigts : — Comme elle est belle! se disait-il; si je la gardais au lieu de la rendre?

Mais une voix intérieure s'éleva en lui : — Ce que tu dois à autrui ne saurait t'appartenir. Si tu gardes le bien d'autrui, tu es un voleur.

Jules n'hésita plus, il courut rendre la balle, et en revenant, il se sentit joyeux d'avoir agi avec honneur.

**Exercices.** — Jouez-vous à la *balle?* — En quoi est faite la balle avec laquelle vous jouez? — Y a-t-il des balles en *caoutchouc?*... Le caoutchouc est une matière très utile qu'on retire d'un arbre d'Amérique. — Que font les balles, principalement les balles en caoutchouc, quand on les jette à terre?... Elles... *rebondissent.* — Et quand vous pressez du doigt un *ballon* comme pour y faire un trou, qu'arrive-t-il quand vous retirez le doigt?... Le trou disparaît et le ballon *reprend sa forme* primitive. Cela tient à ce que la balle et le ballon sont... *élastiques.* — Et votre *chair*, par exemple le creux de votre main, quand vous y enfoncez le doigt, reprend-elle ensuite sa forme?... Oui; elle est donc aussi élastique. L'élasticité est la propriété de reprendre sa forme et de rebondir. — Savez-vous si tous les objets sont élastiques?... Ils le sont tous, plus ou moins; ils résistent quand on veut changer leur forme, les plier, les trouer, les frapper. — Dites-moi maintenant ce que c'est que l'*étourderie.* Connaissez-vous des enfants étourdis? — A quoi reconnaissez-vous qu'ils sont étourdis?... A ce qu'ils agissent ou parlent *sans réflexion et sans attention.* — Un *hanneton* est-il étourdi?... pourquoi? — Un jeune chien est-il étourdi?... pourquoi? — L'étourderie est-elle un défaut, et pourquoi? — Que signifient ces mots : *Objet perdu, objet dû?* — Cette petite maxime s'appelle un *proverbe*, une *sentence.* — Pourriez-vous citer d'autres proverbes?... Par exemple : *Bien mal acquis... ne profite jamais.* Ou encore : *Qui casse les verres... les paie. A chacun son dû.* — Comment appelle-t-on celui qui rend à chacun ce qui lui est dû?... Il est *juste, probe, honnête.* — Comment appelle-t-on celui qui prend le bien d'autrui?... Un *voleur*, un homme *improbe*, un *malhonnête homme.* — Voudriez-vous qu'on vous appelât de ce nom? — Et celui qui ne fait pas ce qu'il a *promis*, comment l'appelle-t-on?... *Malhonnête, improbe, déloyal.* — — Qu'est-ce qu'avoir de l'*honneur?*... C'est observer en toute chose la probité et la loyauté, de manière à être *honoré des autres* et à s'honorer soi-même. — Qu'appelle-t-on un *homme d'honneur?* — Voulez-vous être un homme d'honneur?... Soyez donc dès à présent un enfant honnête et loyal.

---

**(Instruction civique)**

## VINGT-CINQUIÈME LEÇON DE CHOSES

### LE VOTE DES ÉCOLIERS

Une grande fête, présidée par le ministre de l'Instruction publique, devait avoir lieu au chef-lieu du département.

Le ministre avait dit aux instituteurs : — Chaque école enverra à cette fête l'élève qui aura été choisi par ses camarades et accepté par vous comme le plus digne. C'est un de ces élèves qui portera à la fête la bannière des écoliers.

Ce fut grand émoi dans chaque école. Les écoliers discutaient vivement entre eux sur le mérite de leurs camarades et ne parvenaient pas à s'entendre. Les uns voulaient choisir Pierre Lamy, les autres Paul Tolier.

Le maître dit alors aux élèves : — Prenez chacun une petite feuille de papier, et inscrivez sur ce bulletin le nom de l'élève que vous croyez le plus digne, dans votre âme et conscience.

Ce qui fut dit fut fait, et les enfants étaient bien fiers d'être ainsi consultés.

— Maintenant, dit le maître, apportez-moi chacun votre bulletin de vote et mettez-le dans cette boîte.

Chaque élève apporta son bulletin ployé soigneusement et le glissa dans la boîte comme une lettre à la poste.

Quand ce fut fini, le maître dit : — Comptons maintenant les voix.

On déploya les bulletins un à un, et le maître lisait tout haut chaque nom : — Pierre Lamy, Paul Tolier, etc.

Le vote.

Ce fut Pierre Lamy qui eut le plus de voix et qui fut élu.

— Enfants, dit alors le maître, j'approuve votre choix, et Pierre est en effet, à mon avis comme au vôtre, le meilleur de tous mes élèves, le plus digne de nous représenter à la fête. Maintenant savez-vous ce que vous venez de faire? Vous venez de *voter*, vous venez de faire une *élection*.

Souvenez-vous plus tard, enfants, toutes les fois que vous serez consultés et que vous aurez un choix à faire, de voter toujours selon votre conscience.

**Exercices.** — Savez-vous qui on appelle un *ministre?*... C'est un haut personnage choisi par le Président de la République pour *gouverner* la France sous sa direction. — Savez-vous s'il y a plusieurs ministres?... Oui; il y a un ministre de l'*instruction publique*, un ministre de la *guerre*, un ministre de la *justice*, un ministre du *commerce et des travaux publics*, un ministre des *postes et télégraphes*, etc. — Qu'appelle-t-on *présider* une fête? N'avez-vous jamais vu, par exemple, une distribution de prix?... Celui qui préside est assis, par honneur, au premier rang. — Comment appelle-t-on celui qui préside?... *président*. — Qu'appelle-t-on *bannière?*... Une sorte de drapeau souvent orné de broderies ou de peintures. — Expliquez le mot *émoi*. — Qu'appelle-t-on *discuter?* Est-ce la même chose que *disputer?*... Ceux qui se *disputent* sont-ils irrités et passionnés?... Ceux qui *discutent* exposent-ils avec calme les raisons pour ou contre une chose? — Les *discussions* doivent-elles dégénérer en *disputes?* — Expliquez les mots : *dans votre âme et conscience*... Ne signifient-ils pas : *selon votre conscience* sincèrement consultée, selon ce que vous croyez le meilleur? — Qu'est-ce qu'un *bulletin?*... Est-ce une grande et large feuille ou une petite feuille de papier sur laquelle on inscrit quelque chose? — Donne-t-on quelquefois aux écoliers des bulletins où sont inscrites leurs récompenses? — Et un *bulletin de vote*, qu'est-ce? — Qu'écrit-on sur un bulletin de vote?... De qui écrit-on le *nom?*... N'est-ce pas de l'homme qu'on a choisi et pour qui on veut voter? — Racontez comment on s'y prend pour voter. — Comment appelle-t-on l'homme qui a eu le plus de voix et qui est ainsi choisi par le plus grand nombre?... Il est *élu*. — Et cette sorte de choix par vote, comment l'appelle-t-on?... Une... *élection*. — Citez-moi des hommes élus par vote. — Les *conseillers municipaux*, par exemple, sont-ils élus par les habitants de la commune? — Et les *députés?* — Et les *sénateurs?* — Doit-on voter contre sa conscience?

---

(Morale)

## 26. DEVOIRS ENVERS LA PATRIE

### HISTOIRE D'UN JEUNE PÂTRE

C'était pendant la guerre de France. Un jeune garçon gardait sur la montagne l'unique vache que les malheurs de la guerre avaient laissée à sa mère. Il était seul tout en haut de la montagne.

Pendant que la vache broutait, l'enfant, le cœur plein des récits de guerre qu'il avait entendus, observait la campagne et les villages qui se déroulaient au loin dans la plaine.

Un pâtre sur la montagne.

Tout à coup, aux lueurs de feu du soleil couchant, il distingua toute une armée qui s'avançait à travers bois.

Il avait des yeux perçants ; il vit à l'uniforme des hommes que c'étaient des ennemis, il vit aussi de quel côté ils se dirigeaient.

Ils allaient marcher sans bruit sous les bois, et ils arriveraient sans doute vers la fin de la nuit à un village où campait un bataillon français.

Quoique bien jeune, l'enfant comprit

aussitôt que nos soldats seraient surpris et écrasés par tout ce corps d'armée. Il avait entendu raconter plus d'une histoire pareille.

Aussitôt, sans hésiter, le brave enfant résolut de sauver nos soldats.

Il attacha sa vache à un arbre, puis il s'élança à travers les broussailles et les raccourcis de la montagne, qu'il connaissait depuis l'enfance, et il descendit ainsi à toutes jambes.

Après une course de plusieurs heures, il arriva haletant au village, où il faisait déjà nuit noire. Mais l'enfant insista si résolument auprès du factionnaire, qu'on le mena devant l'officier français.

Encore tout essoufflé de sa course, les mains et les pieds ensanglantés par les épines, les vêtements déchirés, il explique ce

Un camp de soldats.

qu'il a vu. L'officier l'écoute tout surpris, tout ému de tant de courage chez un enfant si jeune; il pose sa main sur sa petite tête blonde :

— Ton nom? lui dit-il.

— Jean Hermann, répond l'enfant.

— Que fait ton père?

— Mon père est mort, dit l'enfant, et ma mère doit bien s'inquiéter de moi; mais, quand elle saura ce que j'ai fait, au lieu de me gronder elle m'embrassera et me dira : « C'est bien, Jean. »

— Tu vas à l'école?

— Oh oui; et M. l'Instituteur, qui m'apprend à aimer la France, ne me grondera pas non plus quand il saura pourquoi mes vêtements sont en désordre ; il dira aussi : « C'est bien, Jean! »

— Eh bien, Jean Hermann, dit l'officier, moi aussi je te dis : C'est bien! et je veux t'embrasser, car tu es un brave enfant, tu aimes la Patrie et tu cherches déjà à la défendre. Tu fais bien ton devoir.

Et l'officier serra l'enfant dans ses bras.

Puis, sans perdre une minute, il donna des ordres.

Le bataillon français se mit en marche dans la nuit; il alla rejoindre le gros de l'armée dont il était séparé.

Le lendemain, les Français revinrent en force, et ce furent les ennemis qui se trouvèrent surpris et repoussés.

Quand la Patrie est en danger, tous, jeunes ou vieux, doivent lui venir en aide.

**Exercices.** — Savez-vous ce que c'est qu'une *montagne?* — Y a-t-il des montagnes bien *hautes?* — Quelle est *la plus haute montagne de l'Europe?*... Le mont Blanc, il se trouve en France. — Fait-il froid sur le haut des montagnes? — Que trouve-t-on sur le haut du mont Blanc?... Des *glaces*, des *neiges*. — Comprenez-vous maintenant pourquoi on l'appelle le mont *Blanc?* — Pendant l'été, les glaces et les neiges du mont Blanc réussissent-elles à *fondre?* — Sur les flancs de la montagne, au-dessous des neiges, que trouve-t-on?... Des *pâturages*, où l'on mène *paître* les troupeaux. — Comment s'appellent ceux qui les conduisent?... Des *pâtres*. — Avez-vous lu avec attention l'histoire de votre livre? Pourriez-vous essayer de la redire? — Qu'est-ce qu'on appelle l'*uniforme* des soldats? — A quoi servent les uniformes? — Si les soldats ne portaient pas d'uniforme, comment, dans la bataille, distingueraient-ils leurs camarades des ennemis? — Qu'est-ce qu'un *bataillon?*... C'est une réunion de huit cents soldats environ, sous les ordres d'un *commandant*. — Et qu'est-ce qu'un *régiment?*... C'est une réunion de bataillons sous les ordres d'un *colonel*. — Expliquez les mots *broussailles*, *raccourci*, *à toutes jambes*, *halte-là*, etc. — Qu'est-ce qu'un *factionnaire?* — Qu'est-ce qu'un *camp* de soldats? — Les soldats, au camp, couchent-ils dans des maisons?... Regardez l'image de votre livre. — Comment appelle-t-on ces toiles *tendues* sous lesquelles dorment les soldats?... Des *tentes*. — En avez-vous vu quelquefois dans des foires? — A quoi distingue-t-on les *officiers* des simples *soldats?*...

A leurs *épaulettes* et à leurs *galons*. — Quand la patrie est *en danger*, quand elle est envahie par l'ennemi, que doivent faire tous les Français jeunes ou vieux ?

---

### (Instruction civique)

## VINGT-SIXIÈME LEÇON DE CHOSES

### L'ARMÉE. — LE SOLDAT

Le petit Jacques, le dernier né de la famille, avait un grand frère dans l'armée.

Un zouave.

Un jour le grand frère, sergent dans les zouaves, eut un congé, et il vint voir sa famille.

Il prit Jacques sur ses genoux, et le petit garçon s'amusait à caresser ses galons, à soulever son turban, à toucher son sabre.

— Grand frère, je veux être soldat, moi aussi.

— Mon ami, tu le seras quand tu auras vingt ans.

A vingt ans, tous les Français, riches ou pauvres, sont soldats. En cas de guerre, tous se lèvent pour la défense de la Patrie, et donnent, s'il le faut, leur vie pour elle.

**Exercices.** — Qu'est-ce qu'un *sergent?*... C'est un sous-officier qui commande à un certain nombre de soldats; on le reconnait à son galon d'or ou d'argent. — Avez-vous vu des *zouaves?* — Savez-vous où les zouaves ont été employés d'abord?... C'est en *Algérie*. Les zouaves sont des soldats d'élite. — Connaissez-vous leur *uniforme?* — Que portent-ils sur la tête? — Qu'est-ce qu'un *turban?*... C'est la coiffure des Turcs; elle se compose d'une pièce d'étoffe roulée autour de la tête. — Serez-vous *soldat* un jour? — A quel *âge?* — Que doivent faire les soldats *en cas de guerre?* etc.

---

(Morale)

# 27. L'INONDATION

## COURAGE ET BONTÉ D'UNE PETITE FILLE

### I. — Le fleuve débordé

Madeleine revenait du village, où elle était allée faire une commission pour sa mère.

La maison de sa mère était située très loin. Aussi Madeleine allait vite, car le soleil s'était couché et les champs étaient déserts.

Tout d'un coup Madeleine entendit un grand bruit derrière elle, un grondement sourd. Elle se retourna et aperçut à l'horizon une immense nappe d'eau jaune qui roulait dans les champs et se précipitait vers elle.

L'inondation.

C'était le fleuve voisin, la Garonne, qui avait rompu ses digues et inondait toute la campagne. Les eaux couraient comme un cheval au galop, en brisant sur leur passage, les arbres et les murs.

Madeleine épouvantée s'était mise à fuir de toutes ses forces, lorsqu'elle aperçut un jeune garçon de six ans, le petit Jean, qui s'était attardé en revenant de l'école. Madeleine eût peut-être eu le temps de se sauver si elle n'eût songé qu'à elle; mais comment abandonner à une mort certaine ce pauvre enfant, dont les petites jambes avançaient à peine sur la route?

Émue d'une grande pitié, Madeleine le saisit dans ses bras et reprit sa course à perdre haleine.

Oh! combien il est beau de ne pas songer seulement à soi dans le péril!

### II. — La tour.

Avec le petit enfant sur les bras, Madeleine ne pouvait plus avancer assez vite. Ses forces commençaient à défaillir. Heureusement elle aperçut dans un champ, près de la route, une vieille tour abandonnée dont la porte était ouverte.

La tour.

Elle s'y élança, monta quelques marches. En ce moment l'eau vint heurter la tour avec une telle force que les murailles tremblèrent. La tour était solide, elle résista; mais l'eau entra derrière les enfants, qui durent se réfugier sur le haut.

Madeleine prit le petit garçon sur ses genoux et s'assit toute tremblante sur un pan de mur, tandis que les flots grondaient autour d'eux dans l'ombre.

A perte de vue, la campagne n'était plus qu'une mer : qui pourrait venir à leur secours?

Le petit garçon, que la peur avait d'abord rendu presque muet, se mit bientôt à pleurer :

— J'ai faim ! disait-il ; j'ai bien faim...

Madeleine avait faim aussi, mais elle ne le disait pas ; elle embrassa l'enfant pour lui donner du courage. Bientôt Jean se plaignit d'avoir froid ; ses dents claquaient. Elle ôta son manteau, et en couvrit l'enfant.

Au-dessous d'eux ils entendaient toujours le clapotement du fleuve qui montait.

### III. — La chèvre.

Par un moment, Madeleine crut distinguer un petit cri, une sorte de gémissement plaintif.

Elle tressaillit, se pencha au-dessus de la tour et, à la lueur de la lune montant au ciel, elle aperçut une forme blanche qui se débattait dans l'eau.

— C'est une chèvre, dit-elle, une jolie petite chèvre blanche ; il faut la sauver. Aide-moi, Jean.

Tous les deux se penchèrent au-dessus de l'eau, et Madeleine attira la chèvre, qui d'elle-même cherchait à s'accrocher aux pierres de la tour en ruines. Au bout d'un moment la chèvre blanche sauta en se secouant dans la tour. Puis elle s'empressa de brouter les ronces et les herbes qui couronnaient le vieux mur.

La chèvre.

Jean se mit à la caresser, il était bien content ; mais Madeleine l'était plus encore :

— Nous sommes sauvés ! dit-elle.

Elle prit le petit gobelet de Jean dans son panier d'écolier et se mit à traire la bonne chèvre. Jean but le lait nourrissant ; puis, quand il fut rassasié, elle but aussi.

Alors ils ne souffrirent plus de la faim, et ils s'endormirent tous deux à côté de la chèvre qu'ils avaient sauvée et qui les avait sauvés à son tour.

### IV. — La délivrance.

Le lendemain, au réveil, leur cœur se serra quand ils se retrouvèrent tout seuls, au milieu des eaux, si loin de leurs parents. Personne ne venait à leur secours, personne ne pouvait les voir. Quand ils appelaient, leur voix se perdait dans le grand murmure du fleuve.

Une partie de la journée se passa ainsi bien tristement.

Dans l'après-midi, Madeleine eut tout à

coup une idée : elle avait retrouvé dans sa poche une boîte d'allumettes, qu'elle avait achetée au village pour sa mère. Elle cueillit des broussailles sèches et fit du feu. La flamme s'éleva sur le sommet de la tour avec un grand panache de fumée.

— Oh ! si quelqu'un pouvait voir notre feu ! disait Madeleine d'une voix anxieuse. — Et le petit Jean regardait au loin sur le fleuve.

Ils attendirent deux longues heures.

Déjà le jour commençait à décroître, lorsqu'ils aperçurent entre les arbres une barque qui s'avançait vers la tour.

Dans la barque, Jean reconnut son père, qui poussa un cri de joie en le voyant.

Le père serra Jean sur son sein en pleurant de bonheur : — Soyez bénie, dit-il à Madeleine, vous qui m'avez remplacé dans le danger auprès de mon enfant !

Tous sautèrent dans la barque, ainsi que la petite chèvre. Puis, le cœur joyeux, ils regagnèrent le village, où on les avait crus morts toute une nuit et tout un jour.

Chacun admirait le dévouement de Madeleine et le soin qu'elle avait pris de Jean comme d'un frère.

Enfants, nous sommes tous frères, et nous devons nous aider comme des frères dans le péril.

**Exercices.** — I. Mots à expliquer : *grondement sourd, horizon, nappe d'eau, fleuve, Garonne, digues.* — Savez-vous comment on appelle celui qui ne songe jamais qu'à soi et n'aime que soi ?... Un *égoïste.* — II. Mots à expliquer :

*défaillir, tours, pan de mur, claquer, clapotement.* — III. Que savez-vous sur les *chèvres?* — Expliquez les mots *ronces, traire, rassasié, gobelet.* — IV. D'où vient le mot *allumettes?* — Citez un verbe qui ressemble à ce substantif. — Comment sont faites les allumettes *chimiques?* — Vos parents ont-ils raison de vous défendre de *jouer avec les allumettes?* — Expliquez ces mots : *panache de fumée, anxieux, décroit, barque, dévouement.* — Celui qui *s'expose à un grand danger* et à la mort même pour les autres, que dit-on qu'il fait?... Il se *dévoue.* — La jeune Madeleine fit-elle preuve de dévouement? — Pourquoi? — Faut-il *admirer* et *aimer* ceux qui se dévouent pour autrui? — Sommes-nous tous *frères?* — Si nous sommes tous frères, comment devons-nous agir les uns à l'égard des autres?

---

**(Morale civique)**

# DÉVOUEMENT A LA PATRIE

## HISTOIRE DE JULES DEBORDEAUX

C'était pendant la dernière guerre, au village de Pasly.

L'instituteur du village, Jules Debordeaux, apprit un soir que les Prussiens s'avançaient en secret pour passer la rivière et envahir le pays.

Il se mit alors à la tête des hommes du village, et ils essayèrent de repousser l'armée ennemie, qu'on voyait se mouvoir dans la nuit en grande foule.

Mais ils n'étaient pas assez nombreux pour vaincre. Le lendemain, les Prussiens entrèrent dans le village, et leur chef, courant droit à l'école, dit à l'instituteur :

— Nommez-moi les hommes qui se sont battus hier sous vos ordres, afin que nous les fassions fusiller; si vous ne les nommez pas, c'est vous-même que nous fusillerons.

L'instituteur regarda en face l'officier prussien. — Non, dit-il, je ne trahirai ni ma Patrie, ni mes camarades.

Alors l'officier, furieux, frappa Jules Debordeaux, et les soldats prussiens, se jetant sur lui, l'enchaînèrent.

On le mena sur la place du village.

Là, il vit sans trembler les fusils des Prussiens qui s'abaissaient sur lui.

Il cria : « Vive la France ! » et il tomba sous les balles.

Il avait donné sa vie pour ses compatriotes, pour la France.

La France reconnaissante a gardé son souvenir, et dans l'école normale de Laon, sur une plaque de marbre, on a gravé son nom.

Que ce nom serve d'exemple à tous les enfants de la Patrie ! Jules Debordeaux n'aura pas seulement enseigné ses devoirs à la jeunesse de son village ; il nous a enseigné à tous l'amour de la Patrie et le courage en face de la mort.

**Exercices.** — Qu'est-ce qu'*envahir un pays*? N'est-ce pas y entrer de force avec des soldats? — Est-ce un grand malheur pour un pays d'être envahi? — Qui est le maître dans un pays envahi?... C'est l'ennemi : il entre dans les maisons, il se fait donner des vivres, de l'argent, et maltraite tous ceux qui lui résistent. — Expliquez le mot *fusiller*. — Comment appelle-t-on ceux qui, pour sauver leur vie, dénoncent leurs camarades ou leurs concitoyens et les livrent à la mort?... Des *traîtres*. — Que pense-t-on des *traîtres*? les méprise-t-on? Leur nom ne reste-t-il pas à jamais déshonoré? — Et les cœurs élevés, comme Jules Debordeaux, les honore-t-on? — Leur nom demeure-t-il cher à tous? — Quelle fut la dernière parole de Jules Debordeaux? — Que nous enseigne l'exemple de Jules Debordeaux?

# TABLE DES MATIÈRES



SAINT-CLOUD. — IMPRIMERIE BELIN FRÈRES.

www.ingramcontent.com/pod-product-compliance
Ingram Content Group UK Ltd.
Pitfield, Milton Keynes, MK11 3LW, UK
UKHW021043230726
13926UKWH00004B/1618

9 782016 115183